Liebe Leserinnen und Leser,

ein Neugeborenes braucht in den ersten Wochen und Monaten vor allen Dingen Körperkontakt und Körperwärme von Mutter und Vater, Schlaf sowie Nahrung. Kleinkinder sind in der ersten Zeit ihres Lebens vollkommen auf die Obsorge der Eltern angewiesen – diese legen bereits in den ersten gemeinsamen Tagen die Grundsteine für die geistige und körperliche Entwicklung ihres Babys.
Die Familie entscheidet, was gut für das Kind ist. Bei dieser Entscheidungsfindung möchten wir Ihnen mit diesem Buch im Rahmen der Initiative »Gesundes Niederösterreich« behilflich sein.

Mit gesunder Ernährung vom ersten Augenblick an bieten Sie Ihrem Nachwuchs die besten Voraussetzungen für ein Heranwachsen in Gesundheit und Wohlbefinden.

»Der Mensch ist, was er isst« - das gilt auch für die jüngsten Bürger und Bürgerinnen unseres Landes. Gestalten Sie daher den Menüplan Ihres Lieblings im Hinblick auf eine gesundheitsorientierte Zukunft.

In diesem Sinne wünschen wir Ihnen und unseren Jüngsten im Land viel Freude mit dem neuen Babykochbuch!

Herzlichst

Landeshauptmann
Dr. Erwin Pröll

Landeshauptmann-Stellvertreter
Mag. Wolfgang Sobotka

Impressum

Herausgeber ©2005: Gesundes Niederösterreich e. V., Stattersdorfer Hauptstraße 6, 3100 St. Pölten

Verleger ©2005: Österreichischer Agrarverlag Druck- und Verlagsges.m.b.H. Nfg. KG, Sturzgasse 1a, 1141 Wien, E-Mail: buch@avbuch.at, Internet: www.avbuch.at

Die Deutsche Bibliothek – CIP-Einheitsaufnahme
Die Deutsche Bibliothek verzeichnet diese Publikation in der Deutschen Nationalbibliografie; detaillierte bibliografische Daten sind im Internet über dnb.ddb.de abrufbar.

Redaktionelle Leitung: Gesundes Niederösterreich e. V.

Autorin: Rosemarie Zehetgruber

Grafische Gestaltung & Satz: grafik zuckerstätter

Illustrationen: Reinhold Prandl

Druck & Bindung: AV+Astoria Druckzentrum, Wien

Printed in Austria, 2009

ISBN: 978-3-7040-2070-3

so gut ...

was meinem Baby schmeckt

von Rosemarie Zehetgruber

Band 1 von 0 bis 2 Jahren

Liebe Leserin, lieber Leser!

Endlich ist das Baby da! Herzliche Gratulation!

Die frisch gebackenen Eltern strahlen vor Glück und möchten nicht nur sich und ihr Kind, sondern die ganze Welt vor Freude umarmen. Allmählich werden sie sich auch bewusst, welche Verantwortung sie übernommen haben. Täglich tauchen neue Fragen auf: Warum schreit mein Kind? Bekommt es genug Milch? Was tun, wenn der Popo rot ist? Sollen wir Gläschenkost geben oder doch selbst kochen? Wie schütze ich mein Kind vor Allergien? Wie kann ich ihm ein lustbetontes, ausgewogenes Ernährungsverhalten – ein wesentlicher Grundstein für Gesundheit im Erwachsenenalter – vermitteln? Gerade in der Zeit vor der Geburt und in den ersten Jahren danach suchen viele Eltern Rat.

Das Baby hat keine Gebrauchsanweisung mit in die Wiege gelegt bekommen. Und das ist gut so, denn Ihr Kind ist ohnehin unvergleichlich. Und doch sind ein paar kluge Hilfestellungen gefragt. Kinder wachsen, sind ständig in Bewegung, ihr Gehirn verarbeitet laufend neue Erfahrungen, das Immunsystem entwickelt sich – der kindliche Stoffwechsel läuft auf Hochtouren. Um alle diese Anforderungen bewältigen zu können, muss das Kind ausreichend Energie und Nährstoffe über die Nahrung aufnehmen. Die Ernährung des Kindes wird in manchen Ratgebern als etwas sehr Kompliziertes dargestellt. Ich möchte Ihnen zeigen, dass es eigentlich recht einfach ist, Ihr Baby gut zu versorgen. Ihr Kind weiß jetzt noch instinktiv, was sein Körper braucht. Sie haben »nur« die Aufgabe, ihm alles Notwendige anzubieten.

So lange Sie stillen, bekommt Ihr Baby alles, was es braucht. Ab dem sechsten Monat ergänzen erste Breie die Milchmahlzeiten. Nach und nach wird sich Ihr Kind nun durch die schier unendliche Welt der kulinarischen Genüsse kosten. Begonnen wird mit bekömmlichem Gemüse, Getreide und

Obst. Nach und nach wird der Speiseplan erweitert. Manche Lebensmittel sollten Sie Ihrem Kind – um Allergien vorzubeugen oder es vor Verschlucken zu schützen – erst ab einem Jahr oder später anbieten. Manches, das Sie für Ihr Baby zubereiten, wird erst einmal abgelehnt, anderes findet sofort Zuspruch. Die im Buch vorgestellten rund 100 erprobten Rezepte und Rezeptvariationen werden Ihnen dabei helfen, Ihr Kind »auf den Geschmack« zu bringen.

Wer das kleine Baby nicht wie eine Sache, sondern wie einen eigenständigen Menschen sieht und es achtsam und respektvoll behandelt, stärkt das »Ich« des Kindes ungemein. Es ist dann stark genug, die Welt zu erkunden und sich seinen ganz persönlichen Ernährungsstil – mit Vorlieben und Abneigungen – anzueignen.

An dieser Stelle möchte ich mich auch ganz herzlich bei den Ernährungsexpertinnen von "die umweltberatung" Niederösterreich, insbesondere bei Silke Raffeiner, für ihre wertvollen Anregungen und die gute Zusammenarbeit bedanken.

Ich wünsche Ihnen viel Freude mit Ihrem kleinen Schatz, gutes Gelingen beim Nachkochen und Ihrem Kind einen guten Appetit!

rosemarie zehetgruber

der gute start

1. bis 6. Monat

Stillen – optimal für Mutter und Baby

Muttermilch ist die beste Nahrung für Ihr Kind – und die beste Nahrung für die Seele. Mit dem Stillen erhält Ihr Baby nicht nur alle Nährstoffe, die es im ersten Lebenshalbjahr braucht, sondern es genießt auch den intensiven Haut- und Körperkontakt.

Lassen Sie Ihr Kind – ob Sie nun stillen oder nicht – öfter auf Ihrer nackten Brust ruhen, das Baby liebt Ihren Duft, Ihren Herzschlag. Einfach die innige Nähe von Mama und Papa!

Stillen will gelernt sein

Je früher Ihr Baby saugen darf, umso rascher kommt auch der Milchfluss in Gang. Legen Sie Ihr Kind daher in den ersten Tagen nach der Geburt immer wieder an, auch wenn zunächst noch keine oder wenig Milch kommt. Wichtig ist, dass Sie sich für das Stillen Zeit nehmen und eine für Sie bequeme und entspannte Position finden. Nicht immer klappt es auf Anhieb! Lassen Sie sich nicht entmutigen, vertrauen Sie Ihrem Körper und Ihrem Baby. Holen Sie sich Unterstützung von der Hebamme, der Kinderschwester in der Klinik oder einer Stillberaterin. Hebammen und Stillberaterinnen kommen auch zu Ihnen nach Hause. Das kann hilfreich sein, weil der »Milcheinschuss« erst ab dem 3. bis 5. Tag nach der Geburt stattfindet – so lange dauert es, bis die Milchproduktion richtig beginnt.

Möglichkeit zum Erfahrungsaustausch sowie Tipps zum Stillen bieten auch Stillgruppen, Mutterberatungsstellen und Geburtsvorbereitungskurse.

Nützliche Adressen, Internetseiten und Literaturtipps zum Stillen finden Sie ab Seite 130.

Muttermilch – maßgeschneidert fürs Kind

Muttermilch ist perfekt auf die Bedürfnisse des Babys abgestimmt. Sie enthält alle für die Entwicklung des Kindes notwendigen Nährstoffe in der richtigen Menge und Zusammensetzung. Das Besondere: Muttermilch verändert sich während der Stillzeit – genau abgestimmt auf den speziellen Nährstoffbedarf, den der Säugling in den einzelnen Entwicklungsabschnitten hat.

Die Vormilch

In den ersten zwei bis drei Tagen wird die so genannte Vormilch (Kolostrum) gebildet. Diese Milch ist besonders reich an Fett, Eiweiß, Mineralstoffen und Vitaminen. Schon geringe Mengen dieser gehaltvollen Milch befriedigen die Ernährungsbedürfnisse des Neugeborenen. Die Vormilch enthält auch besonders viele Abwehrstoffe und schützt das Neugeborene vor Infektionen.

Die reife Muttermilch

Danach wandelt sich die Vormilch zur Übergangsmilch und nach rund zwei bis sieben Wochen produziert die Brust die »reife« Muttermilch, die alle Nährstoffe liefert, die der Säugling im ersten Lebenshalbjahr braucht. Auch an die speziellen Stoffwechselgegebenheiten des Säuglings ist die reife Muttermilch optimal angepasst. Ein paar Beispiele: Darm und Niere des Babys sind noch nicht fertig entwickelt und brauchen ein paar Monate, um voll funktionsfähig zu werden. Aus diesem Grund ist der Gehalt an Eiweiß und Mineralstoffen in der Muttermilch eher gering, um die kleine Niere des Babys nicht zu stark zu belasten. Milchzucker ist reichlich vorhanden, er kann gut abgebaut werden und regt die Verdauung an. Auch Fett ist in Muttermilch reichlich enthalten und dazu auch gleich ein Enzym, das den Fettabbau unterstützt.

Es ist erstaunlich und einfach wunderbar, wie gut sich die Milchbildung an das individuelle Trinkverhalten des Säuglings anpasst. Die Brust einer Frau, deren Baby selten trinkt, bildet eine sättigendere Milch als die Brust einer Frau, deren Baby häufiger trinkt. So kann der Fettgehalt der Muttermilch sogar zwischen 0,8 und 4,5 % schwanken!

übrigens: Der Geschmack der Muttermilch verändert sich je nach Speiseplan und Gewürzvorlieben der Mutter. Gestillte Kinder lernen so bereits Geschmacksvielfalt kennen.

Vom Durstlöscher zur Kraftnahrung

Die Zusammensetzung der Muttermilch ändert sich auch während der Stillmahlzeit. Die erste Milch, die aus der Brust kommt, ist wässrig und energiearm, gegen Ende der Mahlzeit ist die Milch hingegen sehr fett- und damit energiereich.

Lassen Sie das Kind daher eine Brust gut austrinken, ehe Sie es an die zweite Brust anlegen. Nur so wird das Baby auch richtig satt. Achten Sie darauf, dass Sie bei der nächsten Stillmahlzeit mit der Brustseite beginnen, mit der Sie beim letzten Mal zu stillen aufgehört haben. So werden beide Brüste gut zur Milchbildung angeregt und entleert.

übrigens: Stuhlgang ist bei gestillten Kindern von fünf Mal täglich bis zu alle fünf Tage normal. Die Farbe des Stuhles ändert sich – je nachdem, was die Mutter gegessen hat.

Muttermilch bietet Vorteile fürs Kind

- Die Nährstoffzusammensetzung ist optimal auf den Bedarf des Säuglings abgestimmt.
- Muttermilch ist leicht verdaulich.
- Abwehrstoffe schützen vor Infektionen. Gestillte Kinder sind seltener krank.
- Muttermilch schützt vor Allergien.
- Stillen schützt das Kind vor Übergewicht.
- Das Saugen an der Brust fördert die Entwicklung des Kiefers und beugt Mittelohrentzündungen vor.
- Stillen schult den Geschmack des Babys: Je nach dem Speiseplan der Mutter variiert der Geschmack der Milch.

Stillen bietet Vorteile für die Mutter

- Die Gebärmutter bildet sich schneller zurück.
- In der Schwangerschaft zugelegte Kilos werden durch den erhöhten Energieverbrauch bei der Milchproduktion schneller wieder abgebaut.
- Mütter, die gestillt haben, bekommen seltener Brust- oder Eierstockkrebs.

Muttermilch ist einfach praktisch!

- Immer frisch,
- immer richtig temperiert,
- hygienisch einwandfrei,
- jederzeit sofort verfügbar,
- kein Verpackungsmüll,
- Stillen spart Arbeit, Zeit und Geld!

Das »Bäuerchen«

Lassen Sie den Säugling nach jeder Stillmahlzeit, und bei Pausen auch nach jeder Brust, aufstoßen. Dazu legen Sie das Kind am besten so über Ihre Schulter, dass seine Brust und sein Bäuchlein auf Ihrer Schulter liegen. Leichtes Wippen und eventuell sanftes Klopfen auf den Rücken erleichtern das Entweichen von verschluckter Luft. Legen Sie zu Ihrem Schutz eine Stoffwindel unter.

Zu wenig oder zu viel Milch?

Die Milchbildung passt sich dem Energiebedarf und dem Trinkrhythmus des Babys ganz von selbst an. Normalerweise hat jede Mutter genug Milch für ihr Kind. Legen Sie Ihr Kind immer an, wenn es »sich meldet« und hungrig ist – anfangs sind das mindestens sechs Mal, oft sogar bis zu zwölf Mal während 24 Stunden. Das ist ganz normal und kein Zeichen dafür, dass zu wenig Milch gebildet wird. Es gibt keine Regel, wie oft und wie lange das Kind gestillt werden muss. Stillen Sie nach Bedarf, also nach dem Wunsch des Babys. Ein schon eingependelter Rhythmus kann sich auch wieder ändern: Auf Wachstumsschübe – oft im Alter von zwei bis drei Wochen, mit sechs Wochen und mit drei Monaten – reagiert das Baby mit gesteigertem Appetit. Legen Sie Ihr Kind in dieser Zeit einfach öfter an – die Milchmenge passt sich dann dem gesteigerten Bedarf an. Grundsätzlich gilt: Ein Kind, das sich gut entwickelt, erhält auch genug Muttermilch.

tipp

Milchbildungstee: Zu gleichen Teilen Anis, Fenchel, Schwarzkümmel, Dillsamen, Majoran und Melisse. Kräuter mit heißem Wasser übergießen, 8 Minuten ziehen lassen. 2 bis 4 Tassen davon pro Tag trinken. Milchbildungstees sind auch fertig gemischt in Apotheken erhältlich.

Wie erkenne ich, ob das Baby hungrig ist?

Nicht immer bedeutet Schreien Hunger. Machen Sie den »Fingertest« und stecken Sie Ihrem Baby Ihren – sauberen! – Finger in den Mund. Wenn es daran begierig zu saugen beginnt, ist es Zeit für die nächste Mahlzeit.

Stillen beugt Übergewicht vor

Gestillte Kinder nehmen in der ersten Zeit manchmal sehr viel an Gewicht zu, leiden aber später sehr viel seltener an Übergewicht. Studien zeigen: Je länger gestillt wird, desto geringer ist die Wahrscheinlichkeit, dass Übergewicht entsteht.

Muttermilch auf Vorrat

Sie haben einen Termin, zu dem Sie das Baby nicht mitnehmen können oder wollen? Sie beginnen bald nach der Geburt wieder zu arbeiten? Muttermilch kann auf Vorrat abgepumpt und vom Vater bzw. von der Betreuungsperson mit dem Fläschchen gefüttert werden. Dazu die abgepumpte Milch in ein ausgekochtes Fläschchen füllen, verschließen und im Kühlschrank bis zu zwei Tage lagern. Soll die Milch länger aufbewahrt werden, sollte sie bei −20 °C tiefgefroren werden. Vor dem Füttern wird die Milch im Wasserbad auf die Trinktemperatur von ca. 35 °C erwärmt.

tipp

Halbautomatische Milchpumpen können gegen Kaution ausgeliehen werden. Erkundigen Sie sich in Ihrer Klinik oder Apotheke.

Wie lange stillen?

Stillen Sie, solange Sie und Ihr Baby es möchten. Äußerungen wie »Was, du stillst noch immer?« sollten Sie nicht entmutigen, die intime Zeit mit Ihrem Kind zu genießen und die Vorteile und Erleichterungen des Stillens voll auszukosten. Im ersten Lebenshalbjahr ist das Stillen unumstritten das Beste für Ihr Kind. Auch im zweiten Lebenshalbjahr ist Muttermilch die optimale Milchmahlzeit. Wer nicht (mehr) stillen kann oder möchte, kann das Baby bestmöglich mit speziellen industriell gefertigten Säuglingsnahrungen ernähren (siehe Seite 23 ff.). Muttermilch und Säuglingsnahrung allein reichen ab dem 6. Monat nicht mehr aus, um den Nährstoffbedarf des Kindes zu decken. Nach und nach wird eine Milchmahlzeit durch einen Brei ersetzt.

Zum Abstillen gehören zwei

Abstillen bedeutet, das Baby Schritt für Schritt von der Brust zu entwöhnen und die Brust langsam an eine geringere Milchproduktion zu gewöhnen. Sie und Ihr Baby – und niemand sonst – entscheiden, wann abgestillt wird. Manchmal ist es das Kind, das einfach genug hat und die Brust von heute auf morgen ablehnt. Häufiger sind es die persönlichen Bedürfnisse der Mutter, tipp

Reduzieren Sie beim Abstillen Ihre Trinkmenge vorübergehend auf ein Minimum. Salbeitee unterstützt Ihre Brust dabei, weniger Milch zu produzieren.

die den Ausschlag dafür geben, mit dem Abstillen zu beginnen. Nach und nach wird eine Brustmahlzeit durch ein Fläschchen ersetzt. Manchmal verweigert das Baby die Flasche von der Mutter, von anderen nimmt es die angebotene »Ersatznahrung« hingegen an. Wenn das Kind bis zu diesem Zeitpunkt noch nie etwas aus einer Flasche erhalten hat, kann es sich beharrlich weigern, aus der Flasche zu trinken. Dann verabreichen Sie die Säuglingsnahrung oder Milch am besten mit Trinkbecher oder Tasse (Kinder können schon sehr früh von der Tasse Schluck für Schluck trinken). Ist das Kind schon alt genug, ersetzen Sie die Brustmahlzeit durch feste Kost.

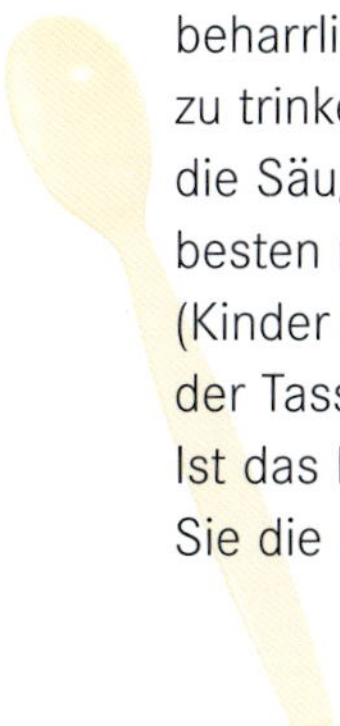

Mamas Kost während der Stillzeit

Ist die Schwangerschaft kulinarisch gut überstanden, drängen sich für die Mutter die nächsten Ernährungsfragen auf: Kriegt das Baby genug Milch? Wie werd' ich meine Kilos wieder los? Stillen ist für das Baby die optimale Ernährung. Mit guter Stillberatung ist es für 98 % der Frauen möglich, ihr Kind mit Muttermilch zu versorgen. Damit das so bleibt, sollte die Mutter vorerst einmal nicht an ihre Kilos, sondern an ihr Wohlbefinden denken. Das kleine Wesen saugt, so viel es braucht. Es nimmt sich, was es kriegen kann. Wenn die Mutter zu wenig oder zu einseitig isst, ist das Raubbau an ihrem Körper.

Nicht doppelt so viel ...

Stillende Frauen benötigen zusätzlich zum normalen Energiebedarf ca. 700 bis 800 kcal/Tag, um Milch produzieren zu können. Der Stoffwechsel von stillenden Müttern ist allerdings darauf programmiert, alle Nährstoffe optimal zu verwerten. Zudem wurde vor der Geburt ein Energievorrat in Form von kleinen Fettpölsterchen angelegt – daher muss eine stillende Frau tatsächlich nur ca. 200 kcal/Tag mehr als eine nicht stillende Frau essen. Die weit verbreitete Meinung, man müsse in der Stillzeit »für zwei« essen, ist also nicht richtig.

... sondern doppelt so gut!

Sicherlich haben Sie schon vor der Geburt darauf geachtet, dass Ihre Ernährung ausgewogen und gesund ist. Auch während der Stillzeit sollte das so sein. Langen Sie vor allem bei vitaminreichen Lebensmitteln – Obst, Gemüse, Salaten mit kaltgepressten Pflanzenölen, Erdäpfeln, Milchprodukten und Vollkornprodukten – ordentlich zu.

Auch mageres Fleisch, Geflügel, Fisch, Eier und hin und wieder eine Süßigkeit sollten nicht fehlen. Ihr Essen soll abwechslungsreich und reich an Vitaminen und Mineralstoffen sein. Auch auf ausreichendes Trinken nicht vergessen. Sie benötigen täglich mindestens zwei Liter oder mehr Flüssigkeit. Trinken Sie daher nach Durst Säfte, Wasser, Früchte- und Kräutertees.

übrigens: Fast nie ist die Ernährung der Mutter verantwortlich für Blähungen beim Kind. Essen Sie daher nach Ihrem Gusto, was Ihnen schmeckt und bekommt. Sollten Sie den Eindruck haben, dass das eine oder andere Lebensmittel Ihrem Baby Blähungen, Wundsein oder Hautausschlag verursacht, lassen Sie dieses Lebensmittel einige Tage weg.

tipp

Einige Zustelldienste bieten Bio-Stillkisten mit ausgewählten Lebensmitteln an (mehr zu biologischen Lebensmitteln sowie Bezugsquellen auf Seite 130).

Die Waage im Badezimmer

Verschieben Sie die Diät – wenn überhaupt – auf die Zeit nach dem Stillen. Erstens ist es sehr wahrscheinlich, dass sie dann nicht mehr notwendig ist. Zweitens kann die geringe Energiezufuhr bei Schlankheitsdiäten zu Ermüdung und Mattigkeit führen – dabei brauchen Sie gerade jetzt alle Energie fürs Baby. Zudem führen radikale Diäten zur Mobilisierung des Körperfettes. Und da sind fettlösliche Schadstoffe (z. B. Organochlorverbindungen, Schwermetalle) »geparkt«, die dann über die Muttermilch zum Baby gelangen.

Weil ein Gewichtsverlust während der Stillperiode aber kaum zu vermeiden ist, bekommen gestillte Kinder dennoch manchmal mehr Schadstoffe ab als Flaschenkinder. Die positiven Aspekte des Stillens wiegen diesen Nachteil eindeutig auf. Rasches Abnehmen erhöht die Belastung des Babys jedoch unnötig.

Bio: von Anfang an!

Achten Sie besonders auf die Qualität der Lebensmittel. Bio-Lebensmittel zeichnen sich durch eine höhere Nährstoffdichte und deutlich reduzierte Schadstoffrückstände aus. Studien belegen die günstige Wirkung biologischer Ernährung auf die Qualität der Muttermilch. Die Milch von Frauen, die sich vorwiegend mit biologisch erzeugten Lebensmitteln ernährten, wies höhere Gehalte an Omega-3-Fettsäuren und mehrfach ungesättigten Fettsäuren auf. Die Pestizidbelastung der Muttermilch sank mit dem prozentuellen Anstieg an biologisch erzeugten Lebensmitteln in der Nahrung der Frau.

Ernährungstipps für Mamas

- Essen Sie abwechslungsreich: Gemüse, Obst, Salate, Erdäpfel, Milchprodukte, Vollkorngetreide (z.B. Vollkornbrot, Vollkornnudeln, Haferflocken, Polenta, Vollreis). Als zusätzliche Eiweißquelle hin und wieder Fleisch und Fisch.
- Verzichten Sie allerdings auf langlebige Raubfische wie Tunfisch, Hai und Stör. Die Schadstoffbelastung ist zu hoch. Wählen Sie besser Saibling, Forelle, Karpfen etc. Sie schonen damit zugleich die (überfischten) Meeresbestände.
- Vermeiden Sie rohen Fisch (Sushi), rohes Fleisch und rohe Eier.
- Trinken Sie ausreichend! Achten Sie speziell in der Stillzeit darauf, dass Sie genügend Wasser, Tees, verdünnte Obst- bzw. Gemüsesäfte (2 bis 3 Liter) trinken. Trinken Sie nach Bedarf, entsprechend Ihrem Durstgefühl. Stellen Sie sich vor jeder Stillmahlzeit ein Glas Mineralwasser, Tee oder Saft in greifbare Nähe, denn während des Stillens bekommen Sie automatisch Durst.
- Meiden Sie Alkohol – bis zu 40% des aufgenommenen Alkohols gelangen über die Muttermilch ins Blut des Babys. Ab und zu ein Glas Wein oder ein kleines Bier nach dem Stillen sind erlaubt.
- Kaffee und schwarzen Tee auf maximal 2 bis 3 Tassen pro Tag einschränken. Wird mehr getrunken, kommt es beim Kind zu Schlafstörungen und Reizbarkeit.
- Inhaltsstoffe von Zitrusfrüchten, Pfeffer und Zwiebel können (müssen aber nicht) in die Muttermilch gelangen und einen roten Popo verursachen.
- Manche Lebensmittel hemmen die Milchproduktion. Es sind dies zum Beispiel bestimmte Kräuter (Petersilie, Salbei) und Tees (Hibiskus, Pfefferminze, Salbei). Matetee wirkt appetithemmend. Wenn die Mutter davon trinkt, kann es beim Kind ebenso zu verringertem Appetit und somit zu verringerter Milchaufnahme kommen.
- Bevorzugen Sie frische Lebensmittel aus kontrolliert biologischer Landwirtschaft (siehe Seite 46 f).

Medikamente während der Stillzeit

Die meisten Medikamente gehen in die Muttermilch über. Sie sollten daher nach Möglichkeit vermieden werden. Sollten Sie dennoch Medikamente nehmen wollen oder müssen, besprechen Sie mit Ihrer Ärztin oder Ihrem Arzt, ob Sie weiterhin stillen können. Oft gibt es ein geeignetes Medikament, bei dem weiter gestillt werden kann.

Bitte nicht rauchen!

Zigaretten schaden dem Baby in vielerlei Hinsicht, am meisten über die Atemluft. Wenn Sie auf das Rauchen nicht verzichten möchten: Rauchen Sie nicht unmittelbar vor oder während des Stillens. Direkt nach dem Rauchen steigt der Nikotingehalt in der Muttermilch stark an, eineinhalb Stunden später ist er auf die Hälfte gesunken. Wenn Sie rauchen möchten, tun Sie das daher am besten kurz nach dem Stillen, also einige Stunden vor der nächsten Brustmahlzeit. Passivrauchen ist noch schädlicher als die Zigarettenstoffe in der Muttermilch. Achten Sie darauf, dass niemand in der Gegenwart Ihres Kindes raucht!

Wenn's nicht klappt: Flaschennahrung

Wenn Sie sich entscheiden, nicht zu stillen, früh abzustillen oder wenn das Stillen einfach nicht möglich ist, füttern Sie Ihr Kind mit der Flasche. Industriell hergestellte Säuglingsmilchnahrung, auch »Fertigmilch« genannt, ist von der Zusammensetzung der Nahrung die beste Alternative zu Muttermilch. Den Vorteil des intensiven Körperkontaktes beim Stillen kann man durch Extra-Streicheleinheiten ausgleichen. Ein Vorteil: Auch der Vater oder andere Personen haben die Möglichkeit, den Säugling zu füttern.

Fertigmilch – worauf achten?

Industrielle Säuglingsnahrungen sind der Muttermilch weitgehend angepasst und – wie auch die Brustmahlzeit – als alleinige Nahrungsquelle für die ersten vier bis sechs Monate vollkommen ausreichend. Das im Handel angebotene Sortiment an Fertigmilch ist groß. Welche Säuglingsmilchnahrung ist für mein Kind die richtige?

Säuglingsanfangsnahrung

Fertigmilch mit der Silbe »Pre« oder der Ziffer »1« im Namen wird als Säuglingsanfangsnahrung bezeichnet. Beide sind auf Basis von Kuhmilch hergestellt und unterscheiden sich in erster Linie im Kohlenhydratanteil.

»Pre-Nahrungen« enthalten, wie auch die Muttermilch, nur Milchzucker (Laktose) als Kohlenhydrat. Sie sind daher sehr dünnflüssig. Das Baby darf so viel davon trinken, wie es mag. »Pre-Nahrungen« sind der beste Muttermilchersatz und für das ganze erste Lebensjahr – also vom 1. bis zum 12. Monat – geeignet.

»1-Nahrungen« enthalten zusätzlich etwas Stärke, sind aus diesem Grund auch sämiger und sättigender, allerdings in den ersten Monaten auch belastender für das Baby. »1-Nahrungen« werden daher erst ab dem 5. Monat empfohlen. Achtung: »1-Nahrungen« nicht nach Wunsch geben, sondern je nach den Angaben auf der Verpackung verabreichen, um ein Überfüttern zu vermeiden. Schwankungen im Hunger sind jedoch ganz natürlich. Und so kann es sein, dass das Baby mal sein Fläschchen nicht ganz austrinkt oder aber nach mehr verlangt. Wenn das Baby gut gedeiht, besteht absolut kein Grund zur Sorge.

Folgemilch, Folgenahrung

Fertigmilch mit der Ziffer »2« im Namen wird als Folgenahrung bezeichnet. Diese kann den Nährstoffbedarf des Kindes nicht allein decken und ist erst ab dem Zeitpunkt geeignet, wo das Baby schon Beikost bekommt. Sie können auf Folgemilch auch ganz verzichten und im gesamten ersten Lebensjahr »Pre-« oder »1-Nahrungen« füttern.

Ab dem 2. Lebensjahr kann das Kind bereits Kuhmilch trinken, Spezialprodukte sind dann nicht mehr erforderlich.

»2-Nahrungen« können – müssen aber nicht! – ab dem 5. Monat gegeben werden.

HA-Nahrungen bei Allergierisiko

HA-Nahrungen wurden speziell für Kinder entwickelt, die besonders allergiegefährdet sind und nicht gestillt werden. »HA« steht für »hypoallergen« oder »wenig allergieauslösend«. Welche Babys als allergiegefährdet gelten, lesen Sie auf den Seiten 29 und 30. Falls beim Säugling bereits eine Allergie nachgewiesen wurde und das Kind nicht gestillt wird, dürfen »HA-Nahrungen« nicht mehr gegeben werden. Dann sind Spezialnahrungen notwendig, die von der Kinderärztin oder dem Kinderarzt verschrieben werden und über die Apotheke zu beziehen sind.

Selbst zubereitete »Milchnahrungen«

Manche Ratgeber empfehlen selbst zubereiteten Muttermilchersatz auf pflanzlicher Basis. Frischkorn-, Mandel-, Reis- oder Sojamilch erhöhen jedoch das Allergierisiko, decken den Nährstoffbedarf des Babys nicht und sind oft schlecht verträglich. Auch eine Säuglingsmilch auf Basis von Schaf-, Ziegen- und Stutenmilch ist nicht empfehlenswert. Die Nährstoffzusammensetzung dieser Milcharten ist ganz anders als die der Muttermilch. Auch die früher übliche verdünnte Kuhmilch ist nach heutigem Stand des Wissens abzulehnen. Sie enthält zu wenig Vitamin C und E sowie Eisen und essenzielle Fettsäuren, dafür zu viel Eiweiß. Außerdem steigt bei Kuhmilch-Fütterung im ersten Lebensjahr das Allergierisiko.

Tipps zur Zubereitung von Fertigmilch

- Geben Sie das Pulver ins Fläschchen und füllen Sie es mit abgekochtem Wasser auf – Deckel drauf und schütteln, um das Pulver gut aufzulösen.
- Immer genau nach Anleitung zubereiten und richtig dosieren – wer es öfter »zu gut meint« und einen Löffel extra gibt, kann das Kind überfüttern und den Grundstein für Übergewicht legen. Verstopfung beim Baby kann auch Folge einer Überdosierung der Säuglingsnahrung sein.
- Kühlen Sie die zubereitete Säuglingsnahrung unter fließendem Kaltwasser auf Trinktemperatur (Handwärme).
- Fertige Säuglingsmilch ist ein idealer Nährboden für Krankheitskeime. Achten Sie daher bei der Zubereitung besonders auf Hygiene.

Hygienetipps

- Vor der Zubereitung die Hände gründlich waschen.
- Abwaschbecken, -bürsten sowie -schwämme und Geschirrtücher sind Brutstätten für Bakterien. Putzen Sie gründlich und wechseln Sie häufig den Abwaschschwamm und das Geschirrtuch.
- Spülmittel mit möglichst wenig Zusatzstoffen sind besser geeignet als so genannte »antibakterielle« Spülmittel. Spülmittelreste sehr gut abspülen.
- Angebrochene Fertigmilchpackungen gut verschließen.
- Fertigmilch immer frisch zubereiten – Reste wegschütten.
- Wiederaufwärmen oder langes Warmhalten – auch nachts – vermeiden.
- Für die Nachtmahlzeiten und für unterwegs: Fläschchen mit Pulver und abgekochtes Wasser in der Thermoskanne separat mitnehmen und die Fertigmilch bei Bedarf frisch zubereiten.
- Fläschchen und Sauger nach dem Füttern sofort auswaschen und dann im Wasserbad fünf bis zehn Minuten auskochen oder im Sterilisator desinfizieren. Danach auf frische Geschirrtücher stürzen und mit einem sauberen Tuch bis zur nächsten Verwendung abdecken. Ab einem halben Jahr müssen Flasche und Schnuller nicht mehr ausgekocht werden, sehr gründliches Reinigen mit Spülmittel und heißem Wasser ist dann ausreichend.
- Sauger alle ein bis zwei Monate erneuern.

Mikrowelle oder Wasserbad?

Ob Sie das Fläschchen im Wasserbad, im Fläschchenwärmer oder in der Mikrowelle erwärmen, ist »Geschmackssache«. Zum Erwärmen in der Mikrowelle verwenden Sie am besten nur Glasfläschchen. Beachten Sie auch, dass die Milch sich ungleichmäßig erhitzt. Das Baby könnte sich möglicherweise den Mund verbrennen. Sorgfältiges Schütteln des Fläschchens und eine Temperaturprüfung vor dem Füttern sind notwendig.

Am besten ist es allerdings, gar nicht aufzuwärmen, sondern die Säuglingsnahrung frisch zuzubereiten!

Welches Wasser ist geeignet?

Für die Zubereitung von Säuglingsnahrung kann frisches Leitungswasser oder spezielles »babytaugliches« Mineralwasser verwendet werden. In den ersten sechs Monaten muss Wasser, das zur Zubereitung des Fläschchens verwendet wird, immer abgekocht werden.

Leitungswasser oder Mineralwasser?

Frisches Leitungswasser ist für Babys bestens geeignet. Leider kann das Trinkwasser je nach Gebiet und Beschaffenheit der Leitungsrohre durch erhöhte Nitrat-, Blei- oder Kupfergehalte belastet sein. Information zur Qualität Ihres Trinkwassers erhalten Sie beim zuständigen Wasserwerk. Sie können auch selbst eine Untersuchung durch ein akkreditiertes Labor (siehe Seite 131) veranlassen. Analysestreifen für die Eigenuntersuchung von Nitrat erhalten Sie in Apotheken, Drogerien, Laborbedarfsgeschäften oder Zoohandlungen.

Nitrat/Nitrit – Grenzwert: 50 mg Nitrat/Liter bzw. bis 0,1 mg Nitrit/Liter. Je weniger Nitrat, desto besser für Ihr Kind.

Blei – empfohlender Grenzwert für Säuglinge: 10 µg/Liter. In Altbauten sind oft noch alte Bleileitungen verlegt. Wasser, das lange im Leitungsrohr steht, hat Zeit, Blei aus den Rohren herauszulösen. Drehen Sie daher – besonders am Morgen – den Wasserhahn einige Minuten voll auf, bevor Sie Wasser für Ihr Baby entnehmen. So lässt sich die Bleibelastung merklich verringern. »Abgestandenes« Wasser z. B. zum Blumengießen verwenden.

Kupfer – Grenzwert: 2 mg/Liter. Erhöhte Kupferwerte findet man besonders häufig in den ersten Jahren nach Neuinstallation von Kupferrohren. Auch hier gilt: Kein abgestandenes Wasser aus der Leitung verwenden.

Informationen zu Trinkwasser, Messungen von Hausbrunnen etc. finden Sie auf der Internetseite www.umweltberatung.at.

Wenn das Leitungswasser nicht entspricht

Entspricht Ihr Leitungswasser nicht den empfohlenen Werten für die Zubereitung von Säuglingsnahrung, dann müssen Sie auf abgefüllte Mineralwässer oder spezielle Tafelwässer zurückgreifen.

Folgende österreichische Mineralwässer sind »geeignet zur Zubereitung von Säuglingsnahrung«: Gasteiner, Römerquelle, Vöslauer. Im Adressteil (siehe Seite 131) finden Sie Links zu Übersichten über alle österreichischen und deutschen Mineralwässer. Dort finden Sie auch Hinweise darauf, ob das Wasser babytauglich ist.

tipp

Nicht jedes Mineralwasser ist gut für Ihr Baby! In den ersten Lebensmonaten ist die Funktionstüchtigkeit der Nieren noch nicht voll ausgeprägt. Es könnte daher bei einer länger dauernden überhöhten Mineralstoffzufuhr zu einer Überbelastung kommen.

Getränke im ersten Halbjahr

Mit der Muttermilch und der richtig dosierten Säuglingsnahrung erhält Ihr Baby genügend Flüssigkeit. Zusätzliche Getränke sind daher im ersten Halbjahr nicht nötig. Nur wenn Ihr Kind besonders stark schwitzt – beispielsweise aufgrund extrem hoher Temperaturen im Sommer oder bei Fieber –, benötigt es zusätzliche Flüssigkeit.

Abgekochtes Trinkwasser ist im ersten Halbjahr der beste Durstlöscher.

Der gute Start bei Allergierisiko

Allergische Erkrankungen haben in den letzten Jahren deutlich zugenommen. Ob Ihr Kind früher oder später eine Allergie bekommt, hängt von den Erbanlagen und dem Umfeld, in dem es lebt, ab. Kinder gelten als allergiegefährdet, wenn ihre Eltern oder ihre Geschwister schon eine Allergie haben. Zum Glück führt die erbliche Veranlagung nicht notwendigerweise zu einer Allergie. Erst der häufige und zu frühe Kontakt mit möglichen Allergieauslösern (z. B. über die Nahrung) und ungünstige Umweltfaktoren machen aus der Veranlagung eine Allergie.

Studien zeigen, dass sich allergische Erkrankungen in den ersten fünf Lebensjahren um 50 % verringern, wenn die Kinder in den ersten vier bis sechs Lebensmonaten konsequent allergenarm ernährt werden.

Vorbeugen ist besser als heilen!

Tipps zur Ernährung allergiegefährdeter Kinder

- Muttermilch ist bei Allergiegefährdung die beste Nahrung für Ihr Kind. Sie sollten auf jeden Fall die ersten sechs Monate voll stillen.
- Machen Sie keine Schlankheitsdiät in der Stillzeit!
- Leidet Ihr Baby schon an einer manifesten Allergie und/oder Neurodermitis, so kann es ebenso notwendig sein, dass die Mutter ihre Ernährung ändert und häufig allergieauslösende Lebensmittel meidet. Besprechen Sie Ihre Ernährungsumstellung mit der Kinderärztin, dem Kinderarzt oder einer Ernährungsfachkraft, um mit allen wichtigen Nährstoffen gut versorgt zu sein.
- Wenn Sie nicht stillen können, braucht Ihr Kind im ersten Lebenshalbjahr eine allergenarme Säuglingsnahrung. HA-Nahrungen wurden speziell für allergiegefährdete Babys entwickelt. HA steht für »hypoallergen«, also allergenreduziert. Diese Nahrungen sind als Vorbeugung von Allergien geeignet, da das enthaltene Eiweiß so aufgespalten ist, dass es nicht mehr so stark allergieauslösend wirkt. Falls beim Säugling schon eine Allergie nachgewiesen wurde, dürfen HA-Produkte nicht mehr gegeben werden. Dann ist meist eine Spezialnahrung, die in Apotheken erhältlich ist, notwendig. Wählen Sie das geeignete Produkt in Absprache mit der Kinderärztin bzw. dem Kinderarzt.
- Geben Sie Ihrem Kind im ersten Lebensjahr keine Lebensmittel, die häufig Allergien auslösen – wie Kuhmilch, Zitrusfrüchte, Ei, Nüsse, Sojaprodukte, Schokolade oder Fisch.
- Als Getränke im ersten Halbjahr nur abgekochtes Trinkwasser, keine Tees oder Fruchtsäfte verabreichen.
- Milchersatz auf Sojabasis, Milch von Ziege, Stute oder Schaf sowie selbst zubereitete »pflanzliche Milchnahrungen« sind nicht zur Vorbeugung von Allergien geeignet. Sie erhöhen das Allergierisiko sogar.
- Beginnen Sie erst ab dem 7. Monat mit Beikost. Führen Sie diese behutsam ein und geben Sie Ihrem Kind pro Woche nur eine neue Zutat.

Gustis Tagebuch

Folge 1: Sauerkraut fürs Baby

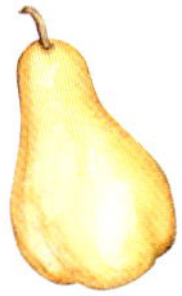

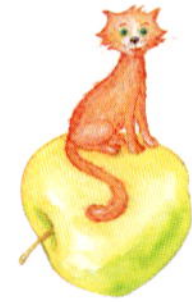

babys erste brei

6. bis 9. Monat

Ihr Baby ist nun ein halbes Jahr alt und beginnt sich für das Essen der anderen am Tisch zu interessieren. Es greift in den Teller, kaut und lutscht an allem, was ihm in die Finger kommt. Zeit, mit der Beikost zu beginnen.

Ab wann ein Baby die so genannte Beikost erhält, hängt von seiner individuellen Entwicklung ab. Allerdings sollte mit der zusätzlichen Fütterung nicht vor Beginn des 5. Monats und nicht später als zu Beginn des 7. Monats begonnen werden.

Das Zufüttern beginnt

Muttermilch ist die optimale Nahrung für Ihr Baby. Mit zunehmendem Wachstum reicht der Kalorien- und Nährstoffgehalt der Milch allein aber nicht mehr aus. Nicht zuletzt möchte es das Baby, wenn es genug Kraft und Neugier entwickelt hat, den anderen Familienmitgliedern gleichtun und auch »essen«. Unabhängig davon, ob Ihr Baby gestillt wird oder das Fläschchen bekommt, sollte daher ungefähr ab einem halben Jahr mit »Beikost« begonnen werden.

Vom richtigen Zeitpunkt

Babys sind nicht von vornherein in der Lage, feste Nahrung aufzunehmen, zu schlucken und zu verdauen. Diese Fähigkeit muss sich erst entwickeln. In den ersten Monaten etwa schiebt das Baby alles, was es in den Mund bekommt, reflexartig wieder heraus. Im Alter zwischen vier und sechs Monaten verschwindet dieser Reflex.

Auch der Magen-Darm-Trakt des Neugeborenen ist unfertig und muss erst ausreifen, um feste Kost verdauen zu können.

Mit etwa sechs Monaten ist Ihr Baby in der Lage, Beikost zu essen. Einen fixen Zeitpunkt, ab wann damit begonnen werden soll, gibt es nicht. Zu unterschiedlich sind die Kinder. Manche sind früher am Essen interessiert, manche später.

Beginnen Sie mit Beikost …

- wenn das Baby seinen Kopf selbst halten kann,
- wenn es hungriger wirkt als zuvor,
- wenn es interessiert ist an den Speisen, die die anderen Familienmitglieder essen,
- um Allergien vorzubeugen, nicht vor Beginn des 5. Lebensmonats,
- um einem Nährstoffmangel vorzubeugen, nicht nach dem 7. Monat,
- bei allergiegefährdeten Kindern erst ab dem 7. Monat.

Wie beginnen?

Stellen Sie sich bei der Einführung von Beikost auf das Tempo Ihres Babys ein. Essen will gelernt sein, und so braucht es viel Übung, bis das Baby lernt, seinen Kopf zu heben, den Brei vom Löffel zu lecken und auch zu schlucken. Später lernt es dann, den Löffel selbst zu halten und allein zu essen. Vertrauen Sie Ihrem Kind. Wenn Sie ihm die Gelegenheit bieten, das Essen in seiner Geschwindigkeit zu lernen, wird es ohne Mühsal herausfinden, wie es geht. Manche Kinder sind eben etwas schneller, manche brauchen mehr Übung.

Sie werden sehen: Essen macht den meisten Babys großen Spaß und – Essen ist auch für die ganz Kleinen Geschmackssache. Das Baby versteht es bald, Ihnen zu signalisieren, was es liebt und was es so gar nicht in den Mund gesteckt bekommen möchte.

Frisch gekocht oder Gläschenkost?

Viele Eltern freuen sich schon darauf, ihrem Liebling selbst etwas zubereiten zu können. Liebe geht eben durch den Magen. Selbst zu kochen ist im Alltag oft eine Frage der Zeit. Es spart jedoch Geld, vermeidet Abfall und bietet die Möglichkeit, die gewünschten Zutaten selbst auszusuchen und zusammenzustellen.

Manche Eltern sind verunsichert. In Drogerie- und Supermärkten werden Regale voll mit verschiedensten Babybreien angeboten. Auf den Gläschen stehen genaue Nährwertangaben, hohe Hygienestandards und geringe Schadstoffgehalte sind garantiert.

Viele Hersteller verwenden Zutaten aus biologischer Landwirtschaft. Der Grund: Bio-Lebensmittel sind nachweislich weniger mit Schadstoffen belastet. Vor der Gläschenfülle stellt sich die Frage: Kann frisch Gekochtes mit der langen Nährstoffliste auf dem Etikett der Gläschen konkurrieren? Selbstverständlich!

Der Inhalt der Gläschen ist zwar gut untersucht, frisch ist er aber nicht. Das können Sie Ihrem Kind nur mit Selbstzubereitetem bieten. Zwei Regeln sollten Sie hier allerdings beachten: Verwenden Sie nur beste Zutaten – bevorzugt aus biologischer Produktion – und arbeiten Sie hygienisch.

Fertigbreie oder Selbstzubereitetes?

gläschenkost

- hohe, gleich bleibende Qualität
- niedrige Schadstoffgehalte
- hoher Hygienestandard
- praktisch und zeitsparend
- sofort verfügbar
- haltbar, kann auf Vorrat gekauft werden
- teuer
- »Konservenkost«
- hohes Müllaufkommen
- Manchmal Zucker- und Salzzusatz, besonders Getreidebreie sind oft gesüßt.
- Viele Gläschenbreie enthalten zu wenig Eisen und zu wenig Fett.
- Achten Sie auf das Haltbarkeitsdatum!
- Gläschen mit aufgeblähtem, »bombagiertem« Deckel nicht mehr verwenden: Der Inhalt könnte verdorben sein.
- Oft unübersichtlich viele Zutaten, die vor allem für allergiegefährdete Kinder nicht geeignet sind – vermeiden Sie Fertigprodukte, die mehr als drei bis vier Zutaten enthalten!
- Lesen Sie die Zutatenliste und entscheiden Sie – ungeachtet dessen, was auf dem Gläschen empfohlen wird –, ab wann Sie Ihrem Kind davon geben wollen. Eine Hilfestellung, welche Lebensmittel wann gefüttert werden können, finden Sie im Kapitel »Schritt für Schritt« auf Seite 38.

tipp

Lagern Sie ein paar Gläschen im Schrank als »Notration« bzw. als praktische Mahlzeit für unterwegs.

selbstgekochtes

- größere geschmackliche Vielfalt
- Frischer geht es nicht.
- Achten Sie beim Lebensmitteleinkauf auf höchste Qualität!
- Wer einen Garten hat, kann dem Baby die eigene Ernte zubereiten.
- Hygiene beim Zubereiten ist erforderlich.
- Sie können die Zutaten selbst bestimmen.
- Gläschenkost kann mit frisch Gekochtem ergänzt oder »aufgebessert« werden.

Schritt für Schritt

Erste Kostproben

Nach einem halben Jahr »nur« Milch, bekommt das Baby den ersten Brei serviert. Alles ist nun neu und anders: Geruch, Geschmack und sogar das Gefühl im Mund beim Schlucken!

Das erste »Mittagessen«

Bieten Sie Ihrem Baby ein paar Tage lang vor der Mittags-Brustmahlzeit bzw. dem Fläschchen ein paar Löffel Brei an. Das Kind kann den Brei kennen lernen und sich danach mit Milch satt trinken. Manche Mütter lassen das Baby erst ein bisschen trinken, damit der größte Hunger gestillt ist. Dann wird vom Löffelchen genascht und zum Schluss gibt es nochmals Milch. Wenn das Baby den Brei mag, wird es den Mund öffnen – allerdings kann das auch dauern: Vom Löffel zu essen erfordert eben Übung.

Nach ein bis zwei Wochen ist das Baby mit dem Brei gut vertraut und wird so viel davon essen, dass Sie die ganze Milchmahlzeit durch einen Brei ersetzen können. Wenn das Baby genug hat, schließt es den Mund und dreht den Kopf weg. Zwingen Sie Ihr Kind nicht, mehr zu essen, als es mag.

Welche Lebensmittel sind für den Anfang geeignet?

Gemüse: Karotte, Kürbis, Pastinake, Fenchel, Zucchini, Kohlrabi
Obst: Apfel, Birne, Pfirsich, Melone
Stärkelieferanten: Erdapfel, Reisschleim
Fette: Pflanzenöl
mageres Fleisch: von Jungrind, Kalb, Geflügel

tipp

Wo geschlemmt wird, gibt es Flecken. Hilfreiche Tipps zur umweltschonenden und wirksamen Fleckentfernung auf Textilien gibt es als Merkblatt zum Bestellen oder Herunterladen auf der Internetseite www.umweltberatung.at.

Der erste Brei

Gemüse ist reich an Vitaminen, Mineralstoffen, gesundheitsfördernden sekundären Pflanzenstoffen und zudem gut bekömmlich.

Daher bekommen Babys als erste Beikost Gemüse – meist Karotten – angeboten. Gut bekömmlich sind auch Kürbis, Zucchini, Fenchel, Kohlrabi oder Pastinake. Beginnen Sie mit Brei aus einer dieser Gemüsearten. Wenn sich Ihr Baby daran gewöhnt hat – nach etwa einer Woche –, mischen Sie Erdäpfel und ein paar Tropfen Pflanzenöl (z.B. Sonnenblumenöl) dazu. Das Öl macht den Brei gehaltvoller und die fettlöslichen Vitamine werden besser aufgenommen. Nach einer weiteren Woche kommt Fleisch dazu. Der Gemüse-Erdapfel-Fleisch-Brei ist bereits eine vollwertige, eisenreiche Mittagsmahlzeit, die fünf bis sechs Mal pro Woche angeboten werden kann.

tipp

Bereits einmal erwärmte Breie aus hygienischen Gründen nicht wieder aufwärmen.

Kann auf Fleisch verzichtet werden?

Es ist nicht ratsam, Babys und Kleinkinder fleischlos zu ernähren. Wer auf Fleisch verzichten möchte, muss – um die Versorgung mit Eisen zu gewährleisten – auf eisenreiche Zutaten und gute Kombinationen achten. Eisenreich sind Kohlrabi, Brokkoli, Fenchel, Blumenkohl, Kohl, Spinat, Erbsen, Hafer, Hirse, Naturreis. Fruchtzucker, Fruchtsäuren und Vitamin C verbessern die Eisenaufnahme. Im Rezeptteil auf Seite 59 finden Sie einen eisenreichen vegetarischen Brei.

Sie können Ihrem Baby als erste Beikost auch gedünstetes Birnen- oder Apfelpüree zubereiten. Ist das erste Obst bekannt, kann zum Beispiel ein Karotten-Apfel-Brei gegeben werden.

Verwenden Sie für Ihr Baby nur Lebensmittel bester Qualität – Tipps ab Seite 44.

Geben Sie Ihrem Kind kein Salz, keinen Zucker und auch keinen Honig!

Neue Lebensmittel langsam einführen

Eine vielfältig zusammengesetzte Ernährung ist eine Grundvoraussetzung für ein optimales Nährstoffangebot. Und: Wer von klein auf an viele verschiedene Geschmacksrichtungen gewöhnt ist, wird sich auch später vielseitig ernähren. Überfordern Sie jedoch Ihr Baby nicht. Geben Sie ihm zwei bis drei Tage Zeit, ein neues Gemüse oder ein neues Obst kennen zu lernen, ehe Sie das nächste anbieten. So haben Sie auch die Möglichkeit, zu beobachten, ob das Lebensmittel Ihrem Kind gut bekommt oder ob Unverträglichkeitsreaktionen – Bauchweh, Durchfall oder Ausschlag – auftreten. Wenn es zu einer Reaktion kommt, warten Sie etwa zwei Wochen, bevor Sie das Lebensmittel dem Baby nochmals geben. Wenn das Kind dann wieder mit den gleichen Symptomen reagiert, warten Sie diesmal etwa einen Monat, bevor Sie es nochmals anbieten. Meist wird es dann gut vertragen werden. Tritt dennoch nochmals eine Reaktion auf, besprechen Sie dies mit der Kinderärztin oder dem Kinderarzt.

Essen ist Geschmackssache

Wenn das Baby einen neuen Brei nicht mag und dies durch Versperren des Mundes oder Kopfwegdrehen zeigt, beenden Sie den Fütterungsversuch. Aber geben Sie nicht auf. Bieten Sie dem Baby einen Brei mit den gleichen Zutaten ein paar Tage später nochmals an. Oft braucht es einfach Zeit, um »auf den Geschmack« zu kommen.

Die nächsten Breimahlzeiten

Rund einen Monat nach den ersten Versuchen, Brei mit dem Löffel zu essen, werden Sie den Eindruck haben, Ihr Baby möchte mehr davon!

Jetzt können Sie ihm zwei oder drei Mal am Tag einen Brei anbieten. Neben dem »Mittagsbrei« wird nun meist am Abend ein getreidehaltiger Brei serviert. Auch am Vormittag und/oder am Nachmittag wird eine Milchmahlzeit durch einen Obst- bzw. Obst-Gemüse-Brei oder einen Obst-Getreide-Brei ersetzt.

»Neue« Lebensmittel im Speiseplan

Zusätzlich zu den bereits für den ersten Brei vorgeschlagenen Lebensmitteln wird Babys Speiseplan nun erweitert um:

Gemüse/Obst: Erbsen, Mangold, Spinat, Gurke, Rote Rübe, Petersilwurzel, Blumenkohl, Schwarzwurzel, Tomate, Zuckermais, Lauch, Fisolen, Steinobst, Beeren, Trauben, Trockenobst, Maroni, Obstsäfte, Kräuter (noch nicht roh)
Getreide: Reisschleim/Reisflocken, Reis, Hirseflocken, Hirse, Maisgrieß. Ab dem 7. oder 8. Monat sollten auch glutenhaltige Getreidearten – Hafer, Dinkel, Weizen, Gerste – angeboten werden.
mageres Fleisch: von Jungrind, Kalb, Lamm, Geflügel, Kaninchen
Fette: kaltgepresste Pflanzenöle, Butter

Wiederum gilt: Überfordern Sie Ihr Baby nicht mit zu vielen verschiedenen geschmacklichen Eindrücken. Warten Sie zwei bis drei Tage, ehe Sie ein neues Lebensmittel anbieten.

Geben Sie Ihrem Kind weder Salz noch Zucker oder Honig und auch keine Lebensmittel, an denen sich das Kind verschlucken könnte (z. B. große Apfel- oder Karottenstücke).

Verwenden Sie für Ihr Baby nur Lebensmittel bester Qualität – Tipps ab Seite 44.

Mit dem Essen spielt man … – doch!

Sobald das Baby sitzen kann, wird es in seinem Hochsitz einen Platz bei Tisch einnehmen. Geben Sie ihm einen eigenen Löffel in die Hand. Reichen Sie auch Lebensmittel, die es mit den Fingern nehmen kann. Das Baby will nun gerne selbst essen – es angreifen, wegschieben, hinunterwerfen. Lassen Sie Ihr Kind probieren und auch mit dem Essen spielen. Nur so lernt es die Fertigkeit, die Speisen zu greifen, zu löffeln und in den Mund zu schieben. Richten Sie den Essplatz so ein, dass er leicht zu reinigen ist und stellen Sie sich darauf ein, dass nach der Mahlzeit der Boden rund um den Tisch eben gewischt werden muss. Bleiben Sie bei Ihrem Kind und achten Sie darauf, dass es sich nicht verschluckt.

Kauen, zerdrücken, zermalmen

Wenn Ihr Kind beim Breiessen schon geübt ist, bieten Sie ihm auch Speisen mit kleinen festeren Bestandteilen an. Nun muss nicht mehr alles fein püriert werden, weiche Lebensmittel – wie Erdäpfel oder Gemüse – können Sie einfach mit der Gabel zerdrücken. So kann das Baby das Kauen üben.

tipp

Beim Essen Ablenkungen wie Spielsachen oder Fernsehen vermeiden.

Babybrei vom Familienessen abzweigen

Um Zeit zu sparen und das Baby so richtig am Familienessen teilhaben zu lassen, kochen Sie am besten für das Familienessen jeweils ein Gemüse, von dem Sie einen kleinen Teil für Ihr Kind wegnehmen und pürieren. Das restliche Gemüse würzen und als Beilage den anderen Haushaltsmitgliedern servieren.

Mit den Fingern essen

Die meisten Kinder können mit etwa sieben Monaten Lebensmittelstücke in der Faust halten und daran saugen oder sie in Richtung Mund schieben. Im Laufe der nächsten Monate wird das Baby beginnen, das »Finger Food« mit Daumen und Zeigefinger – dem so genannten Pinzettengriff – zu greifen. Lebensmittel selbst in die Hand nehmen zu können macht Spaß. Geben Sie Ihrem Kind gedünstete Karottenstäbchen, zart schmelzende Erdäpfel- oder Apfelwürfel, ein gedämpftes Brokkolibäumchen, gekochte Erbsen oder Ähnliches. Alles sollte weich und möglichst schmelzend sein, damit es im Mund leicht zerkleinert werden kann.

tipp

Lassen Sie Ihr Kind niemals bei solchen Mahlzeiten allein – es könnte sich verschlucken!

fürs baby nur das allerbeste

Die größten Köchinnen, die bekanntesten Spitzenköche – alle wissen: Nur wenn die Zutaten von ausgesucht guter Qualität sind, wird auch das Essen hervorragend schmecken. Speisen auch Sie Ihren Liebling nicht mit »irgendetwas« ab. Ihr kleiner Feinspitz soll das frischeste Gemüse, das geschmackvollste Obst und das zarteste Fleisch bekommen – und zwar nicht nur, weil es besser schmeckt.

Sie tragen die Verantwortung für die optimale Nährstoffversorgung Ihres Babys und Sie müssen darauf achten, dass möglichst keine Schadstoffe Ihr Kind belasten. Die besten Rezepte, der bestens durchdachte Ernährungsplan nützen nichts, wenn beim Lebensmitteleinkauf nicht auf Qualität geachtet wird. Doch wie erkenne ich hohe Qualität? Was ist das Beste für mein Kind?

Möglichst frisch!

Frisch vom Feld und aus dem Garten ist der Vitamingehalt von Gemüse und Obst am höchsten. Ab dann beginnt der Abbau, der durch schlechte Lagerung beschleunigt wird. Lassen Sie daher biegsame Karotten, welke Salatköpfe und schrumpelige Äpfel im Regal liegen. Frische Früchte sind knackig! Verwenden Sie die gekauften Lebensmittel rasch – was zu lange im Kühlschrank liegt, verliert Nährstoffe und Geschmack.

tipp

Bundkarotten und andere Gemüse mit Grün bleiben länger frisch, wenn Sie die Blätter vor dem Einlagern entfernen.

Regional & saisonal

Erdbeeren im Jänner, Zucchini im April – wir sind daran gewöhnt, das ganze Jahr über die volle Palette an Obst und Gemüse zur Verfügung zu haben. Von bester Qualität sind diese Früchte jedoch längst nicht! Aktuelle Studien dokumentieren eine Verschlechterung der Vitamin- und Mineralstoffgehalte bei »Supermarkt-Gemüse«. Der Grund ist die vorzeitige Ernte von noch unreifen Früchten, um lange Lagerzeiten und weite Transportwege zu ermöglichen. Ein volles Aroma und einen optimalen Gehalt an Vitaminen, Mineralstoffen und sekundären Pflanzenstoffen können Obst und Gemüse jedoch nur dann ausbilden, wenn sie ausreichend Zeit und Sonne zum Reifen haben. Kaufen Sie daher für Ihr Baby nur frische Lebensmittel aus der Region. Wann heimisches Obst und Gemüse reif sind, sehen Sie am Saisonkalender auf der Innenseite der hinteren Klappe.

Biologisch – sicher besser

Biologische Lebensmittel werden für Säuglinge immer wieder empfohlen. Viele Hersteller industrieller Babynahrung verwenden für Gläschenkost & Co kontrolliert biologische Zutaten – um auf Nummer sicher zu gehen. Denn nur die biologische Landwirtschaft garantiert eine Lebensmittelproduktion, die ganz ohne chemisch-synthetische Dünge-, Spritz- und Keimhemmungsmittel und ohne vorbeugende Medikamentengaben in der Tierhaltung auskommt.

Grundsätze der biologischen Lebensmittelproduktion:

Null-Chemie-Garantie

- organische Düngung mit Mist, Kompost oder Gründüngung – Verzicht auf wasserlösliche Mineraldünger
- Pflanzenschutz durch Kräftigung und Pflege – keine chemisch-synthetischen Pestizide
- garantiert gentechnikfrei und unbestrahlt
- keine künstlichen Aromen und Farbstoffe

Besser für die Tiere

- artgerechte Tierhaltung – keine Massentierhaltung
- Licht, Luft, Sonne – die Tiere haben sommers wie winters Auslauf (mind. 180 Tage im Jahr)
- biologisches Futter – keine Antibiotika- und Hormonzusätze

Streng kontrolliert

Produktion, Verarbeitung, Vermarktung und Kennzeichnung von Bio-Lebensmitteln sind EU-weit gesetzlich geregelt und werden von Behörden und autorisierten Bio-Kontrollstellen regelmäßig überwacht.

Was »Bio« bietet:

- Mehr Geschmack,
- mehr wertvolle Inhaltsstoffe – höhere Gehalte an Vitaminen, Mineralstoffen und sekundären Pflanzenstoffen und
- mehr Sicherheit – kaum Pestizidrückstände, niedrigere Nitratgehalte, garantiert gentechnikfrei und unbestrahlt.

Bio muss nicht unbedingt teurer sein: Wer auf Fertigprodukte verzichtet, selbst kocht und günstige Bezugsquellen (Ab-Hof, Supermarkt, eigener Garten etc.) hat, braucht auch bei Bio-Kost nicht tief in die Tasche greifen.

An dieser Bezeichnung am Etikett erkennen Sie echte Bio-Produkte:

- »aus (kontrolliert) biologischem Anbau/Landbau«
- »aus (kontrolliert) biologischer Landwirtschaft«

Statt »biologisch« kann auch der Begriff »ökologisch« verwendet werden. Wenn Sie diesen Hinweis auf der Packung finden, handelt es sich um ein echtes Bio-Lebensmittel.

Weitere zusätzliche Kennzeichnungsmerkmale, die auf Bio-Qualität verweisen, sind die Bio-Kontrollnummer und die geschützten Markenzeichen der Bio-Verbände und des Handels oder die staatlichen Bio-Kontrollzeichen.

Integrierter Anbau

Das meiste bei uns angebotene Gemüse stammt aus »integriertem Anbau«. Bei dieser Produktionsweise wird bei Bodenbearbeitung, Düngung und Pflanzenschutz mehr Rücksicht auf die Natur genommen, als es früher üblich war. Es wird etwa nur bei tatsächlichem Auftreten eines Schadbildes »gespritzt«. Im Gegensatz zur biologischen Landwirtschaft sind Agrochemikalien und Gentechnik jedoch erlaubt.

Bezeichnungen wie »ungespritzt«, »umweltschonend« oder »naturnah« sind Phantasiebezeichnungen und kein Hinweis auf eine biologische Erzeugung.

Exotisches aus fairem Handel

Exotische Früchte werden unreif geerntet, sind nicht selten stark mit Pflanzenschutzmitteln belastet und zum Teil auch potenzielle Allergieauslöser. Sie können Ihr Baby auch mit heimischem Obst und ganz ohne Mango, Ananas, Grapefruit und Banane gut ernähren.

Wer trotzdem nicht auf Banane & Co verzichten möchte, sollte biologische Früchte aus fairem Handel bevorzugen. Erkennbar sind diese an der Bio-Kennzeichnung und am FairTrade-Siegel.

tipp

Verwenden Sie im ersten Lebensjahr – und darüber hinaus – Lebensmittel aus kontrolliert biologischer Landwirtschaft.

Einkaufstipps

Läden, Märkte, Drogeriemärkte, Ab-Hof

Wer biologische Lebensmittel kaufen möchte, hat verschiedene Möglichkeiten: Am naheliegendsten sind meist Lebensmittelgeschäft oder Supermarkt. Achten Sie auf die Frische, Herkunftsangabe und auf die Bio-Kennzeichnung. Naturkostläden und Drogeriemärkte haben ebenfalls häufig ein umfangreiches Bio-Sortiment. Auch auf Märkten können Sie frisch und gut einkaufen – aber leider nicht immer! Auf Gemüsemärkten werden Gartenfrüchte aus der ganzen Welt angeboten, achten Sie daher immer auf die Herkunft. Bauernmärkte, Bio-Märkte, Bauernläden, Bio-Läden oder Ab-Hof – hier können Sie meist besonders frisch einkaufen. Achten Sie auf die Bio-Kennzeichnung.

Abokisten – Gemüse vom Bio-Hof direkt ins Haus

Die bequemste Variante, erntefrisches Gemüse der Saison in großer Vielfalt zu bekommen, ist die Bestellung einer Abokiste. Immer mehr Bio-Betriebe und Händler bieten Gemüse im Abosystem an. Wer das Kistchen abonniert, bekommt regelmäßig, meist wöchentlich oder 14-tägig, eine nach jahreszeitlichem Angebot und Haushaltsgröße zusammengestellte Kiste mit erntefrischem Bio-Gemüse und -Obst zum Kochen und für Salate. Manche Zusteller bieten auch spezielle »Stillkisten« an. Hauszustellung gibt es auch für andere Bio-Lebensmittel, wie Fleisch, Milchprodukte, Brot, Getreide, Säfte, Tees etc.

Selbsternte – Gärtnern ohne eigenen Garten

Ohne eigenen Garten selbst gärtnern und ernten: Diese Möglichkeit bieten immer mehr biologisch wirtschaftende Betriebe, die auf einem Feld ein vielfältiges Angebot an Bio-Gemüse anbauen oder setzen. Die Kundinnen und Kunden mieten eine Parzelle des so bestellten Feldes und können ab Anfang Mai »ihr« Gemüsefeld pflegen und natürlich immer frisch beernten.

tipp

Adressen für Abokisten, Selbsterntefelder und Bio-Anbieter finden Sie auf Seite 131.

Aus dem eigenen Garten

Gemüse aus dem eigenen Garten ist natürlich das Beste! Selbst gezogen, natürlich gereift und taufrisch geerntet. Da weiß man, was auf den Teller kommt, bestimmt Düngung und Pflege selbst und bekommt den Ablauf der Jahreszeiten und damit die natürlichen Saisonzeiten der Gemüsearten mit wie nirgendwo sonst.

Das Gute erhalten – nährstoffschonend zubereiten

Der Einkauf, die Lagerung und die Zubereitung entscheiden über die Qualität der Lebensmittel. Vitamine, Mineralstoffe, Geschmacksstoffe und weitere sekundäre Pflanzenstoffe sind empfindlich. Der Kontakt mit Luft, Licht, Wärme und Wasser kann Geschmack und Wert mindern.

Tipps, um Nährstoffe und Aroma zu erhalten:

- Gemüse und Obst möglichst ausgereift und erntefrisch kaufen und rasch verwenden.
- Beim Putzen des Gemüses nur entfernen, was nicht zum Verzehr geeignet ist. In der Schale sitzen viele sekundäre Pflanzenstoffe und Vitamine.
- Gemüse direkt vor der Zubereitung putzen. Nicht wässern, sondern kurz, aber gründlich waschen, dann zerkleinern.
- Sofort weiterverarbeiten, nicht zerkleinert stehen lassen.
- Die Breie möglichst kurz vor dem Verzehr zubereiten. Langes Warmhalten auf jeden Fall vermeiden.
- Nährstoffschonend garen: Gemüse in wenig Wasser dünsten oder dämpfen – je größer die Flüssigkeitsmenge und je länger die Gardauer, desto größer die Auslaugverluste. Beim Kochen werden wasserlösliche Nährstoffe, wie Mineralstoffe, ausgeschwemmt. Die Garflüssigkeit daher mitverwenden – eine Ausnahme sind Erdäpfel, nitratreiche Gemüsesorten und Hülsenfrüchte. Hier ist es besser für Ihr Kind, wenn Sie die Garflüssigkeit wegschütten.
- Die Garzeit so kurz wie möglich halten. So werden hitzeempfindliche Vitamine (Vitamin B und Vitamin C) geschont.
- Wichtig ist auch ein gut schließender Deckel. Kochen im Druckkochtopf vermindert die Garzeit um etwa die Hälfte und spart Energie.
- Für eine kurzfristige Lagerung das Gemüse in abgetrennte Gemüsefächer im unteren Bereich des Kühlschranks geben.
- Tiefkühlgemüse bleibt relativ reich an Vitaminen, wenn es möglichst erntefrisch eingefroren wird. Durch Blanchieren werden Farb- und Vitaminveränderungen vermindert. Das Einfrieren und Lagern in Gefriertruhe und -schrank ist aber sehr energieaufwändig.

Gustis Tagebuch

Folge 2: Löffeln macht Spaß

babybreie, die schmecken

Rezepte & Zubereitung

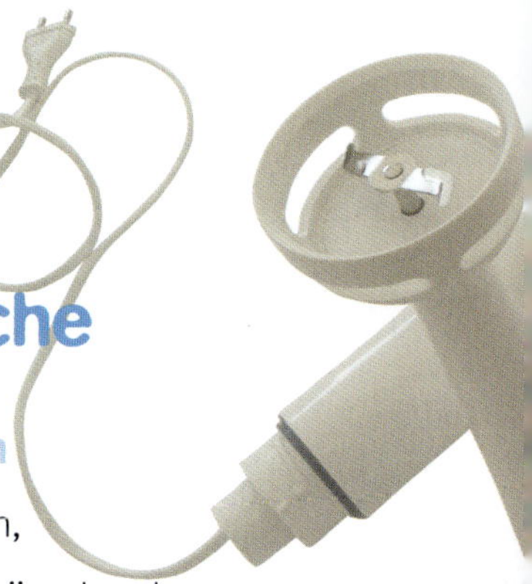

Ausstattung für die Babyküche

In der Küche

- sauberes Schneidbrett und Messer,
- Reibe,
- Stabmixer oder einen Standmixer zum Pürieren,
- Dämpfeinsatz für den Kochtopf,
- Plastikdosen zum Aufbewahren der Lebensmittel im Kühlschrank,
- Eiswürfelbehälter zum Einfrieren pürierter Speisen.

Zum Servieren

- mehrere Lätzchen,
- verschiedene Schüsseln oder Teller – am besten aus bruchsicherem Kunststoff,
- kleine Löffel mit weichem, abgerundetem Rand.

tipp

Im Rezeptteil werden bewusst heimische Zutaten verwendet, die auch leicht erhältlich sind. Achten Sie bei allen Rezepten auf die Wasserqualität und verwenden Sie nur für Babys geeignetes Wasser.

Portionsangaben

Die Rezepte ergeben eine Portion für Ihr Baby. Anfangs isst Ihr Baby noch keine ganze Portion und auch später noch wird wahrscheinlich so manches am Boden landen. Daher sind die Portionsgrößen nur »Richtwerte«.

Abkürzungen

EL	=	Esslöffel – 1 EL entspricht 10 g oder 10 ml
TL	=	Teelöffel – 1 TL entspricht 5 g oder 5 ml
g	=	Gramm
ml	=	Milliliter
min	=	Minuten

Breie fürs erste Beikostmonat – 6. bis 7. Monat

Der erste Karottenbrei | Zubereitungsdauer: 15 min

Zutaten:

1	Karotte
50 ml	Wasser
1/2 TL	Sonnenblumenöl

Karotte putzen, evtl. schälen, grob zerkleinern, in einen Topf geben, Wasser zugeben, dünsten. Das gegarte Gemüse fein pürieren. Öl einrühren.

variation: Wenn Ihr Baby Karotten nicht gut verträgt, einfach durch Kürbis ersetzen. Statt Sonnenblumenöl kann auch ein anderes Öl – z. B. Olivenöl, Distel- oder Maiskeimöl – verwendet werden.

tipp

Karotten- und Kürbispüreereste sind eine gute Basis für Soßen und Suppen. Würzen, mit Suppe ergänzen und die ganze Familie kann mitessen.

Karotten-Erdäpfel-Püree | Zubereitungsdauer: 20 min

Zutaten:

1	Karotte
1	Erdapfel
100 ml	Wasser
1 TL	Sonnenblumenöl

Karotte putzen, evtl. schälen. Erdapfel schälen. Gemüse in Würfel schneiden, in einen Topf geben, Wasser zugeben, dünsten. Das gegarte Gemüse fein pürieren, Öl untermischen.

variation: Karotten durch andere Gemüsearten wie Kürbis, Pastinake, Fenchel, Zucchini oder Kohlrabi ersetzen. Statt der Erdäpfel einmal Topinambur probieren. Statt Sonnenblumenöl kann auch ein anderes Öl – z. B. Olivenöl oder Maiskeimöl – verwendet werden.

tipp

Für die restliche Familie das Puree mit Salz, Pfeffer und Muskatnuss abschmecken.

Erdäpfelschnee | Zubereitungsdauer: 25 min

Zutaten:

2	Erdäpfel
1 TL	Butter
5 EL	Gemüsesuppe (siehe Seite 73) oder Wasser

Erdäpfel waschen, in der Schale dämpfen, häuten und durch die Erdäpfelpresse drücken, mit Butter und etwas Gemüsesuppe abrühren.

tipp

Gedämpfte Erdäpfel mit Butter schmecken auch der restlichen Familie.

Karotten-Kürbis-Püree | Zubereitungsdauer: 20 min

Zutaten:

- 1 Karotte
- 100 g Kürbisfleisch
- 50 ml Wasser
- 50 ml Apfelsaft
- 1 TL Butter

Karotte putzen, evtl. schälen. Kürbis schälen. Gemüse in Stücke schneiden, in einen Topf geben, dämpfen oder in wenig Wasser dünsten. Das gegarte Gemüse mit dem Saft fein pürieren, Butter einrühren.

tipp

Die Reste können Sie als Suppenbasis verwenden.

Karotten-Apfel-Creme | Zubereitungsdauer: 15 min

Zutaten:

- 1 Karotte
- 100 ml Wasser
- 1 kleiner Apfel
- 1 TL Sonnenblumenöl

Karotte putzen, evtl. schälen, in Stücke schneiden, in wenig Wasser dünsten. Apfel entkernen, ebenfalls grob zerkleinern und nach ca. 5 Minuten dazugeben. Fertig garen, pürieren, Öl einrühren.

Zucchini-Erdäpfel-Püree | Zubereitungsdauer: 15 min

Zutaten:

- 1 Erdapfel (mehlig)
- 100 ml Wasser
- 1/2 Zucchini
- Kräuter (Petersilie, Kerbel, Dille …)
- 1 TL Butter

Erdapfel schälen, in Stücke schneiden, unter Wasserzugabe dünsten. Zucchini waschen, ebenfalls grob würfeln und nach 5 Minuten Garzeit zu den Erdäpfeln geben. Weitere 5 Minuten garen, gehackte Kräuter dazugeben, nochmals erhitzen und alles zusammen pürieren. Butter unterziehen.

tipp

Für die restliche Familie mit Salz, Pfeffer und Muskatnuss würzen und mit Sauerrahm oder Crème fraîche verfeinern.

Gemüse-Erdäpfel-Fleisch-Brei | Zubereitungsdauer: 20 min

Zutaten:

- 100 g fürs erste Breimonat geeignetes Gemüse der Saison (siehe Saisonkalender)
- 1 Erdapfel
- 20 g mageres Jungrindfleisch
- 100 ml Wasser
- 2 EL milder Apfelsaft
- 1 EL Oliven- oder Sonnenblumenöl

tipp

Nach und nach, drei bis fünf Mal pro Woche, 20 bis 30 g mageres Fleisch zum Brei mischen. Neben Jungrind eignen sich Geflügelfleisch oder Kalb.

Gemüse und Erdapfel schälen, in Stücke schneiden. Das Jungrindfleisch in Würfel schneiden oder faschieren – alles zusammen in wenig Wasser dünsten. Den Saft dazugeben, pürieren, Öl einrühren.

Um nicht so oft Kleinstportionen zubereiten zu müssen, können Sie gleich mehr Fleisch auf einmal garen (in ungesalzenem Wasser kochen – die »Suppe« dann als Flüssigkeitsbeigabe zum Pürieren verwenden), pürieren und portionsweise im Eiswürfelbehälter tiefgefrieren. Später einfach in den Gemüse-Erdäpfel-Brei einen Würfel Fleischpüree einrühren. Auch ein fix und fertiger Gemüse-Fleisch-Brei eignet sich zum Einfrieren. Erdäpfel müssen immer frisch gegart werden, sie schmecken nach dem Einfrieren nicht mehr so gut. Aufgetaut wird am besten im Wasserbad.

variation: Statt der Erdäpfel gegartes Getreide zum Brei mischen – z. B. Maisgrieß oder Vollkornreis.

Eisenreicher vegetarischer Brei | Zubereitungsdauer: 20 min

Zutaten:

- 100 g fürs erste Breimonat geeignetes Gemüse der Saison (siehe Saisonkalender)
- 1 Erdapfel
- 100 ml Wasser
- 1 EL zarte Hirseflocken
- 3 EL Obstsaft
- 1 EL Oliven- oder Sonnenblumenöl

Gemüse putzen, Erdapfel schälen, in Stücke schneiden, dämpfen oder in wenig Wasser dünsten. Flocken einrühren, gut aufkochen. Den Saft dazugeben, pürieren, Öl einrühren.

Breie fürs 7. bis 9. Monat

Der »Mittagsbrei« wird nun nach und nach durch eine getreidehaltige Abendmahlzeit und durch einen Obst-, Obst-Gemüse- oder einen Obst-Getreide-Brei für die Vormittags- bzw. Nachmittagsjause ergänzt.

Apfelmus | Zubereitungsdauer: 10 min

Zutaten:

1 Apfel
50 ml Wasser

Apfel entkernen, schneiden. In Wasser dünsten, pürieren oder mit der Gabel zerdrücken.

variation: Versuchen Sie das Mus – je nach Saison – auch mit Birne, Quitte, Marille oder Pfirsich.

tipp

Machen Sie mehr davon. Da isst, verfeinert mit Zimt, sicher die ganze Familie gerne mit.

Beerenmus | Zubereitungsdauer: 10 min

Zutaten:

100 g Beeren
50 ml Wasser

Beeren waschen, in Wasser dünsten, pürieren oder mit der Gabel zerdrücken.

tipp

In der Obstsaison gleich größere Mengen vom Fruchtmus zubereiten und portionsweise einfrieren – so haben Sie das ganze Jahr über eine größere »hausgemachte« Auswahl.

Apfel-Getreide-Brei | Zubereitungsdauer: 15 min

Zutaten:

- 1 Apfel
- 100 ml Wasser
- 2 EL Reisflocken
- 1 TL Sonnenblumenöl

Apfel entkernen, schneiden, in Wasser dünsten, pürieren oder mit der Gabel zerdrücken. Flocken einrühren, nochmals aufkochen. Öl einrühren.

variation: Verwenden Sie für diesen Brei je nach Saison statt des Apfels auch andere Obstsorten wie Beeren, Pfirsich, Birne etc.
Bei nicht gestillten Kindern das Wasser evtl. durch Säuglingsmilchnahrung ersetzen.

tipp

Reis ist besonders leicht verdaulich. Beginnen Sie deshalb mit Reisflocken. Später können Sie fein vermahlenen Vollkornreis nehmen. Nach und nach Haferflocken, Dinkelflocken, feinen Dinkelvollkorngrieß, Maisgrieß, gemahlene Gerste, Hirseflocken etc. einführen.

Grießkoch mit Beeren | Zubereitungsdauer: 20 min

Zutaten:

- 200 ml Wasser
- 1 TL Butter
- 2 EL Dinkelvollkorngrieß
- 3 EL Beeren (Himbeeren, Brombeeren, Heidelbeeren ...)
- 3 EL Wasser

Wasser mit Butter aufkochen, Grieß mit dem Schneebesen einrühren, unter Rühren 2 bis 3 Minuten köcheln, zugedeckt 10 Minuten nachquellen lassen. Beeren mit 3 EL Wasser aufkochen, pürieren oder mit der Gabel zerdrücken. Grießkoch mit dem Beerenmus servieren oder beides vermischen.

Finger-Food | Zubereitungsdauer: 25 min

Zutaten:

- 2 Erdäpfel

Erdäpfel waschen, dämpfen, schälen und in grobe Würfel schneiden. Die Würfel servieren.

variation: Dämpfen oder dünsten Sie auch einmal Karottenstifte, Kohlrabistifte, Apfelwürfel etc. Die Kinder lieben es, die Stücke in der Hand und am Gaumen zu zerdrücken.

fast wie die großen

9. bis 12. Monat

»Ich kann das schon!« Des Babys Wunsch nach Selbstständigkeit wächst. Es will alles so machen wie die Eltern. »Selbst löffeln« stärkt das Selbstvertrauen des Kindes und stellt bisweilen die Geduld der Eltern auf eine harte Probe. Ihr Baby bekommt nun – wie die Großen – regelmäßig seine Mahlzeiten: Frühstück, Vormittagsjause, Mittagessen, Nachmittagsjause und Abendessen. Es hat in seinem Hochstuhl einen fixen Platz am Familientisch. Immer öfter kann es auch schon bei der Familienkost mitnaschen.

Kinder lernen am Vorbild

Im Laufe des ersten Lebensjahres werden wichtige Weichen für das spätere Essverhalten des Kindes gelegt. Fast alle Verhaltensweisen lernt Ihr Kind durch Nachahmen. Sie sind das große Vorbild Ihres Kindes, an Ihnen will es sich orientieren. Zeit also, Ihre eigenen Ernährungsgewohnheiten unter die Lupe zu nehmen …

Grundsteine für ein »gesundes« Essverhalten:

- Das Baby liebt soziale Zusammenkünfte, es liebt gemeinsame Mahlzeiten. Geben Sie Ihrem Baby bei Familienmahlzeiten einen fixen Stammplatz.
- Essen Sie so oft als möglich gemeinsam, lassen Sie Ihr Baby auch bei Zwischenmahlzeiten nicht allein vor sich hin löffeln. Leisten Sie ihm Gesellschaft.
- Rituale – z. B. gedeckter Tisch, Spruch oder Tischgebet, erst mit dem Essen beginnen, wenn alle bei Tisch sitzen – sind wichtig.
- Die früh eingeführte Regel »Gegessen wird nur bei Tisch« erspart Ihnen Brösel und Kleckereien in der ganzen Wohnung.
- Versuchen Sie, die Mahlzeiten in entspannter, fröhlicher Atmosphäre einzunehmen. Tragen Sie familiäre Konflikte und Machtkämpfe nicht am Esstisch aus.
- Vermeiden Sie Ablenkungen – Zeitung, Fernseher, Handy, Spielsachen etc. haben am Esstisch nichts verloren.
- Zwingen Sie Ihr Kind nicht zum Essen. Es muss weder alles gekostet, noch muss der Teller leer gegessen werden. Regeln, die aufgestellt werden – z. B. dass nichts mutwillig vom Tisch geworfen werden darf –, sollten Sie konsequent beibehalten.

Lebensmittel, die Ihr Baby nun braucht

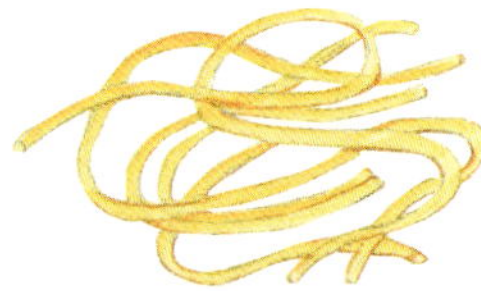

Ihr Baby braucht nun täglich mindestens eine Portion:

- stärkehaltige Lebensmittel (Erdäpfel, Getreide, Brot, Nudeln, Flocken, Reiswaffeln etc.),
- frisches Gemüse der Saison,
- frisches Obst der Saison (nun auch roh),
- Muttermilch oder Säuglingsmilchnahrung.

Zusätzlich bekommt Ihr Kind täglich 1 bis 2 Esslöffel kaltgepresstes Pflanzenöl (z.B. Sonnenblumenöl) und rund fünf Mal wöchentlich 20 bis 30g mageres Fleisch (Jungrind-, Geflügel-, Rind-, Schweine-, Kaninchen- oder Lammfleisch). Es darf auch bereits von Linsen, Bohnen oder Kichererbsen kosten.

Als Durstlöscher sind Wasser und Tee geeignet. Fruchtsäfte nur verdünnt (1 Teil Saft und 2 Teile Wasser) anbieten.

Geben Sie nicht gleich auf, wenn Ihr Baby eine Speise »verweigert«. Bieten Sie das Gericht einige Tage später wieder an.

Vollkorn: ja oder nein?

In den Randschichten und im Keimling des Getreidekorns befinden sich wertvolle Vitamine, Mineralstoffe, Ballaststoffe und wichtige ungesättigte Fettsäuren. Diese gehen beim Ausmahlen des Getreides zu Feinmehl größtenteils verloren. Aus diesem Grund sind Vollkornprodukte – Vollkorngrieß, Flocken, Vollkornnudeln, Vollkornbrot etc. – für Ihr Kind besonders wertvoll. Leider finden sich in der Schale nicht nur die wertvollen Inhaltsstoffe, sondern auch Schadstoffrückstände. Um diese zu vermeiden, ist es ratsam, Vollkornprodukte aus biologischer Landwirtschaft zu kaufen.

»glutenfrei«

Weizen, Roggen, Hafer, Gerste und Dinkel enthalten Gluten. Gluten ist ein Bestandteil von Klebereiweiß, welches die Backeigenschaften des Getreides beeinflusst. Bei Zöliakie, einer angeborenen Unverträglichkeit gegen Gluten, kommt es nach dem Verzehr dieser Getreidearten zur Schädigung der Darmwand und als Folge davon zu Durchfall und Wachstumsstörungen. Je früher gefährdete Säuglinge Gluten erhalten, desto schwer wiegender sind die Folgen. Der Darm von Babys ist im ersten Halbjahr sehr sensibel. Daher wird zu Beginn der Beikostphase nur glutenfreies Getreide (Reis, Hirse, Mais) empfohlen.

Ab dem 7. Monat kann und soll glutenhaltiges Getreide gegeben werden. Wenn Bauchweh, Blähungen und Durchfall auftreten, klären Sie umgehend mit der Kinderärztin oder dem Kinderarzt ab, ob möglicherweise eine Zöliakie vorliegt.

Diese Lebensmittel besser noch nicht ...

Manche – für größere Kinder und Erwachsene besonders wertvolle – Lebensmittel sind für Ihr Baby im ersten Lebensjahr noch nicht geeignet. Allergiegefährdete Kinder müssen oft noch länger warten (siehe Seite 30).

Eier

Eier lösen häufig Allergien aus. Aus diesem Grund werden sie erst ab dem zweiten Lebensjahr empfohlen. Kekse, Nudeln etc. können Eier enthalten. Verwenden Sie im ersten Lebensjahr eifreie Nudeln. Eidotter kann – muss aber nicht! – etwas früher in den Speiseplan aufgenommen werden.

Kuhmilch

Auch vor Kuhmilch wird im ersten Lebensjahr abgeraten. Zum einen, weil Kuhmilch häufig Allergien auslöst, zum anderen belastet der hohe Eiweißgehalt die kleinen, unreifen Nieren zu stark. Ab dem ersten Geburtstag dürfen dann Vollmilch, Kinderfrischmilch, Jogurt, Buttermilch, Topfen, Käse etc. auf den Speiseplan. Butter kann in geringen Mengen schon ab dem 7. Monat gefüttert werden.

Nüsse

Babys können sich an ganzen Nüssen leicht verschlucken, daher verzichten Sie besser ganz darauf. Auch Nüsse können Allergien auslösen und sollten daher – gemahlen – erst gegen Ende des ersten Lebensjahres dem Baby gegeben werden. Eine wertvolle Ergänzung der Babygerichte sind ab diesem Zeitpunkt auch gemahlene Ölsaaten (Sesam, Leinsamen, Sonnenblumenkerne etc.). Achtung: Wenn Nüsse muffig riechen oder sogar Schimmel zu sehen ist, muss unbedingt die ganze Packung weggeworfen werden.

Soja

Auch Soja ist ein häufiger Allergieauslöser und wird daher im ersten Lebensjahr nicht empfohlen. Soja wird in kleinen Mengen vielen Fertiggerichten zugesetzt – achten Sie auf die Zutatenliste. Bei einer streng vegetarischen Ernährungsweise und bei Kuhmilchallergie kann Soja – in Absprache mit Kinderärztin oder Kinderarzt – dennoch das Produkt der Wahl sein.

Schinken, Wurst, Streichwurst

Wurst- und Fleischwaren sind stark gesalzen, verzichten Sie daher im ersten Lebensjahr darauf.

Fisch

Süßwasserfische – Karpfen, Forelle, Saibling etc. – sind frühestens ab dem 10. Monat als Lebensmittel für Ihr Baby geeignet, Seefische erst ab dem zweiten Lebensjahr. Babys mit Allergierisiko sollten im gesamten ersten Lebensjahr keinen Fisch bekommen. Verzichten Sie auf langlebige Raubfische wie Tunfisch, Hai und Stör. Die Schadstoffbelastung ist zu hoch. Achten Sie immer darauf, dass der Fisch, den Sie Ihrem Kind geben, grätenfrei ist!

Süße Leckereien

Greifen Sie zwischendurch nicht in die Keksdose. Ist das Baby einmal daran gewöhnt, wird es immer wieder nach Süßem verlangen. Bitten Sie auch die Großeltern und andere Personen, Ihr Kind im ersten Lebensjahr noch nicht mit Süßigkeiten zu »verwöhnen«. Babys brauchen diese »Leckereien« nicht. Sie sind auch mit gesunden, zahnfreundlichen Zwischenmahlzeiten – z. B. in Streifen geschnittenes (Butter-)Brot, Reiswaffeln, Dinkelcracker – zufrieden. Kekse enthalten übrigens häufig Eier, Milchpulver, Nüsse oder Soja – also Zutaten, die im ersten Jahr gemieden werden sollen. Auch Zucker ist im ersten Lebensjahr nicht notwendig.

Honig

Viele Eltern würden ihrem Kind als »gesunde« Alternative zu Zucker gerne Honig anbieten. Doch auch hier gilt: Gewöhnen Sie Ihr Kind nicht zu früh an einen intensiven Süßgeschmack! Bienenhonig kann im Gegensatz zu »raffiniertem« Zucker auch Allergien auslösen. Verzichten Sie daher im ersten Lebensjahr auf Honig. Ab dem zweiten Lebensjahr ist er zum Süßen geeignet.

Stark gewürzt

Würzen ist aus geschmacklicher Sicht im ersten Lebensjahr völlig überflüssig. Für die Kleinsten ist jeder Geschmack neu und intensiv. Auf Salz und Zucker sollten Sie im ersten Lebensjahr weitgehend verzichten. Kräuter und Gewürze können langsam in Babys Gerichte eingeführt werden. Industriell hergestellte Säuglingsnahrung ist häufig mit Salz und Gewürzen versetzt. Ist das Baby an diesen Geschmack erst einmal gewöhnt, wird es mit »weniger« oft nicht mehr zufrieden sein. Wenn die Kinder beginnen, am Familienessen mitzunaschen, können bei der Zubereitung von Speisen die üblichen Gewürze und sehr sparsam Salz verwendet werden. Es ist auf alle Fälle besser, für die Familie nachzusalzen, als dem Baby zu viel davon zuzumuten.

Kann ich mein Baby auch vegetarisch ernähren?

Manche Eltern möchten ihr Kind fleischlos ernähren. Vegetarisch zu essen, ist für Babys allerdings längst nicht so empfehlenswert wie für Erwachsene. Fleisch ist für Babys besonders als Eisenlieferant wichtig. Im ersten Lebenshalbjahr kann der Säugling auf Eisenreserven zurückgreifen. Ab dann muss Eisen, welches für das rasche Muskelwachstum benötigt wird, mit der Nahrung zugeführt werden. Wenn nun in Babys Kost auf Fleisch verzichtet wird, muss besonders auf eine ausreichende Eisenversorgung aus anderen Lebensmitteln geachtet werden. Leider ist die Verfügbarkeit von Eisen aus pflanzlichen Lebensmitteln wesentlich schlechter als aus Fleisch.

Eisenreiche pflanzliche Lebensmittel sind Vollkorngetreide (besonders Hafer und Hirse), Hülsenfrüchte, grüne Gemüse, rote Früchte, Sesam. Der gleichzeitige Verzehr Vitamin-C-haltiger Lebensmittel (z.B. Gemüse, Obst oder Säfte) verbessert die Verfügbarkeit von Eisen aus pflanzlichen Produkten. Diesen Effekt kann man in Babys Beikost geschickt ausnutzen, indem man etwa Gemüse-Getreide-Breie mit Fruchtsaft mischt.

Wichtig ist auch, die eisenreichen Mahlzeiten nicht mit Milch oder Soja zu kombinieren. Milch und Soja verschlechtern nämlich die Eisenaufnahme.

Gustis Tagebuch

Folge 3: Vorbild

babyKost, die schmeckt

Rezepte & Zubereitung

Suppen & Co

Schnelle Gemüsesuppe | Zubereitungsdauer: 20 min

Zutaten (4 Portionen):

- 400 g Gemüse (z.B. 1 bis 2 Karotten, 1 kleine Pastinake oder 1 Petersilwurzel)
- 2 Erdäpfel
- 1 l Wasser
- 1 EL Butter

Gemüse und Erdäpfel putzen, roh raspeln, sofort mit dem kalten Wasser zustellen, 10 Minuten köcheln lassen. 1 EL Butter einrühren.

tipp

Die Suppe für die restliche Familie mit Salz und Pfeffer würzen.

Klare Gemüsesuppe | Zubereitungsdauer: 40 min

Zutaten (4 Portionen):

- 1/2 Stange Lauch
- 4 Karotten
- 1 Petersilwurzel
- 1/2 Sellerieknolle
- 1 kleine Zwiebel oder Schalotte
- 1 Bund Petersilie
- 1 Lorbeerblatt
- 5 Pfefferkörner
- 3 Wacholderbeeren
- 1 1/2 l Wasser

Gemüse putzen, im Ganzen mit der gewaschenen Petersilie (im Bund) und den Gewürzen in einen großen Topf geben. Wasser aufgießen und rund 25 Minuten köcheln lassen. Suppe durch ein Sieb abgießen.

Variante: Die Karotten, die Petersilwurzel und die Sellerieknolle aus der fertig gekochten Suppe herausnehmen, klein schneiden, zusammen mit 1 EL Öl oder Butter, 1 EL gehackter Petersilie und 1/2 l Gemüsesuppe pürieren. Fertig ist die Cremesuppe.

tipp

Als Einlage z.B. eifreie Suppennudeln, Brotwürfel oder gekochte Erdäpfelwürfel servieren. Die Suppe dient auch als Basis für Cremesuppen. Für die restliche Familie mit Salz würzen. Viele Kinder lieben die lauwarme oder kalte Gemüsesuppe auch als Getränk.

Hühnersuppe | Zubereitungsdauer: 60 min

Zutaten (4 Portionen):

- 600 g Hühnerklein (Flügel, Hals, Magen …)
- 1 1/2 l Wasser
- 1 kleine Zwiebel
- 1/2 Stange Lauch
- 1 Karotte
- 1 gelbe Rübe
- 1 Petersilwurzel
- 1/2 Sellerieknolle
- 4 Pfefferkörner
- 1/2 Bund Petersilie
- evtl. Fenchelgrün

Hühnerklein waschen, mit kaltem Wasser zustellen, geputztes Gemüse und Gewürze im Ganzen dazugeben. Langsam aufkochen und mind. 45 Minuten leicht köcheln lassen. Abseihen.

variante: Wenn Sie kein Hühnerklein zur Hand haben, ein halbes Suppen- oder Masthuhn verwenden. Für eine kräftige Rindsuppe statt Hühnerklein 400 g Jungrindfleisch verwenden. Das gekochte Fleisch von Huhn oder Jungrind können Sie z. B. für den Gemüse-Erdäpfel-Fleisch-Brei verwenden (siehe Seite 59) oder zu einer Fleischsoße (siehe Seite 102) weiterverarbeiten.

tipp

Die klare Suppe mit Einlage servieren oder als Basis für Cremesuppen verwenden. Für die restliche Familie mit Salz würzen. Die Suppe kann auch portionsweise eingefroren werden.

Dinkelgrieß-Karotten-Suppe | Zubereitungsdauer: 15 min

Zutaten (4 Portionen):

- 1/2 Zwiebel
- 2 EL Butter oder Sonnenblumenöl
- 3 Karotten
- 30 g Dinkelgrieß
- 1 l Wasser, Gemüse-, Rind- oder Hühnersuppe

Fein gehackte Zwiebel in Butter bzw. Öl glasig anlaufen lassen, geraspelte Karotten und Grieß kurz mitrösten. Mit Wasser oder Suppe aufgießen, 8 Minuten köcheln lassen.

variante: Sie können den Grieß durch Haferflocken und die Karotten durch ein anderes Wurzelgemüse oder Kürbis ersetzen.

Cremige Gemüsesuppe | Zubereitungsdauer: 25 min

Zutaten (4 Portionen):

- 1/2 Zwiebel
- 2 EL Sonnenblumen- oder Olivenöl
- 400 g Gemüse der Saison, einzeln oder gemischt (siehe Saisonkalender)
- 1 Erdapfel (mehlig)
- 1 l Wasser, Gemüse-, Rind- oder Hühnersuppe
- 1 EL Zitronensaft oder Apfelessig

Zwiebel fein hacken, in Öl glasig anlaufen lassen. Geputztes, geschnittenes Gemüse und Erdapfel kurz mitrösten, mit Suppe oder Wasser aufgießen. Etwa 10 Minuten köcheln lassen, dann pürieren – es darf ruhig stückig bleiben. Mit Zitronensaft oder Essig abschmecken.

varianten: Würzen Sie die Gemüsesuppe zur Abwechslung mit frischen Kräutern und Gewürzen – z.B. Petersilie, Schnittlauch, Dille, Estragon, Fenchel, Kerbel, Kardamom, Kümmel, Curry, Ingwer…

tipp

Für die restlichen Familienmitglieder nachsalzen und evtl. mit einem Löffel Jogurt oder Sauerrahm ergänzen.

Gemüsereis mit Hühnchen | Zubereitungsdauer: 40 min

Zutaten (1 Portion):

30 g	(Vollkorn-)Reis
1/4 l	Wasser
120 g	Gemüse der Saison (siehe Saisonkalender)
40 g	Hühnchenfleisch – frisch oder von der Hühnersuppe (siehe Seite 74)
1 EL	Butter oder Öl
1 EL	Apfelsaft

Reis in Wasser erhitzen und köcheln lassen. Nach ca. 15 Minuten grob geraspeltes Gemüse, nach weiteren 10 Minuten kleinwürfelig geschnittenes Fleisch dazugeben und fertig garen. 5 Minuten nachquellen lassen und mit Butter bzw. Öl und Saft vermischen.

Varianten: Für ein »Hirsotto« statt Reis Hirse verwenden. Die Garzeit von Hirse beträgt nur 10 bis 15 Minuten. Daher das geschnittene Gemüse gleich zu Beginn dazugeben. Auch ein klein geschnittener, halber Apfel passt gut zum Hirsotto.

tipp

Das Hühnchenfleisch kann durch andere Fleischarten ersetzt oder auch ganz weggelassen werden.

Jausentipps für daheim & unterwegs

Obstjause

Zutaten:

Zutaten	
Obst der Saison (siehe Saisonkalender)	Apfel- oder Birnenspalten, Beeren, halbe Marillen, Melonenstücke: Obst eignet sich als Jause für daheim und – in eine Kunststoffdose verpackt – auch für unterwegs.

Brotschnitten

Zutaten:

Zutaten	
Brot Schnittlauch evtl. Butter	Vollkornbrot (ohne grobe Körner) oder Mischbrot in handliche, ca. 2 cm breite Schnitten schneiden. Evtl. mit Butter bestreichen und mit Schnittlauch bestreuen.

tipp

Schnittlauch fein schneiden und die Kinder die Butterbrotwürfel selbst in Schnittlauch eintunken lassen.

Jausentaler | Zubereitungsdauer (inkl. Quellzeit): 90 min

Zutaten (ca. 40 bis 50 Taler):

- 150 g Weizenvollkornmehl
- 150 g feine Haferflocken
- 200 ml Wasser
- 2 EL Tomatenmark
- 2 EL Olivenöl
- 3 EL Sesam

Mehl, Haferflocken und Wasser zu einem dicklichen Brei verrühren. Knapp eine Stunde quellen lassen. 2 EL Sesam, Öl und Tomatenmark unterrühren. Mit einem Esslöffel Teigportionen auf ein mit Backpapier belegtes Blech geben, mit nassen Fingern flach drücken, mit Sesam bestreuen und im vorgeheizten Rohr bei ca. 180 °C 15 Minuten backen.

variante: Für ältere Kinder 50 g geriebenen Käse in den Teig mischen.

Pfannenbrot | Zubereitungsdauer (inkl. Quellzeit): 90 min

Zutaten (ca. 20 Fladen):

- 250 g Dinkelvollkornmehl
- 2 TL Oliven- oder Sonnenblumenöl
- 100 ml lauwarmes Wasser
- Salz

Aus den Zutaten einen festen Teig kneten. Eine Stunde rasten lassen, dann auf einer bemehlten Fläche dünne, handtellergroße Fladen auswalken. Die Fladen in einer sehr heißen, leicht gefetteten Pfanne auf beiden Seiten je eine Minute braten. Die Fladen sind dann noch schön weich.

variante: Mit Koriander und Kümmel würzen.

Frühstück & Betthupferl

Porridge mit Apfel | Zubereitungsdauer: 15 min

Zutaten (1 Portion):

100 ml	Wasser
100 ml	Fruchtsaft
2 EL	feine Haferflocken
1–2	Äpfel

Flüssigkeit aufkochen, Haferflocken einrühren, 1 Minute köcheln und 3 bis 4 Minuten quellen lassen. Inzwischen Äpfel waschen, fein reiben und in den Haferbrei einrühren.

Variante: Porridge kann auch mit Milchnahrung statt der Wasser-Saft-Mischung zubereitet werden.

Hirsecreme mit Obst | Zubereitungsdauer: 30 min

Zutaten (1 Portion):

3 EL	Hirse
150 ml	Wasser
2	Pfirsiche (oder 3 Marillen, 1 Apfel, 1 Birne ...)
1/2 TL	Butter
1 EL	gerösteter Sesam

Hirse gut abspülen und in das kochende Wasser einstreuen, 20 Minuten leicht köcheln lassen. Pfirsiche kleinwürfelig schneiden, untermischen und zugedeckt 5 Minuten nachquellen lassen. Butter und Sesam einrühren.

nach dem ersten geburtstag

Die Zeit vergeht! Gerade lag noch ein »pflegeleichtes« Baby in der Wiege, schon krabbelt ein selbstbestimmtes Kleinkind flink durch die Wohnung, lernt laufen, sprechen und versucht, seinen neu entdeckten eigenen Willen nach Kräften durchzusetzen – auch beim Essen. Der Speiseplan Ihres Kindes wird abwechslungsreicher, es isst großteils bei der »Erwachsenenkost« mit. Manchmal verspeist es mit Begeisterung »gesunde« Lebensmittel, dann wieder rührt es gar nichts an. Keine Sorge: Ihr Kind weiß jetzt (noch) instinktiv, was sein Körper braucht.

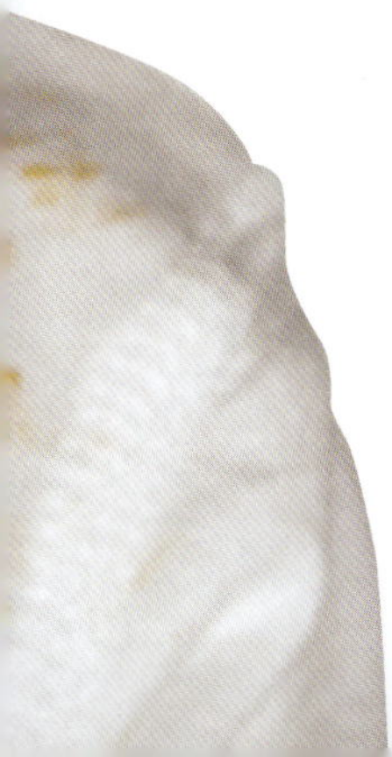

Übergang zur Familienkost

Kinder sind von Natur aus Feinschmecker. Sie riechen, kosten, testen die Konsistenz und beurteilen das Aussehen der angebotenen Speisen. Manchmal fällt der kindliche Appetit riesengroß aus, dann wieder ist er ganz klein – je nach Lust und Laune, Wachstumsphase und körperlicher Aktivität. Seien Sie unbesorgt. Noch nimmt sich der kleine Körper, was er braucht. Kleinkinder sind meist viel besser als Erwachsene darin, ihrem natürlichen Hunger- und Sättigungsgefühl zu folgen. Allerdings ist gerade in diesem Alter die Vorbildwirkung der Eltern am größten und schnell werden elterliche Verhaltensweisen bei Tisch übernommen – auch wenn sie nicht ideal sind. In Familien, in denen es unüblich ist, Obst zu essen, ist die Wahrscheinlichkeit groß, dass auch das Kind Obst ablehnt. Wer häufig Süßes isst, darf sich nicht wundern, wenn der Nachwuchs daran ebenso großen Gefallen findet. Wenn Ihr Kind von klein auf im Alltag erlebt, dass frische, vollwertige Gerichte die Regel sind, wird es ein lustbetontes, ausgewogenes Ernährungsverhalten entwickeln.

Ihr Kleinkind bietet Ihnen die Chance, das Essverhalten der ganzen Familie unter die Lupe zu nehmen. Lernen Sie von Ihrem Kind!

Kinder essen anders

- Kinder müssen im Verhältnis zum Körpergewicht viel mehr essen als Erwachsene – das kostet Kraft, Ausdauer und Geduld (die sie oft noch nicht haben).
- Der Stoffwechsel funktioniert schneller – Kinder brauchen daher mehrere kleine, über den Tag verteilte Mahlzeiten und ausreichend zu trinken.
- Mund, Magen und Zähne sind klein – harte Krusten, große Stücke und riesige Portionen passen da nicht hinein.
- Der Gaumen ist fein und empfindsam – scharfe Gewürze oder allzu salzige Speisen sind daher nichts für kleine Menschen.
- Geschmackliche Vorlieben von Kindern ändern sich und sind nicht »logisch«: Manche Kinder mögen rohe Karottenstreifen, aber keine Karottensuppe, manche lieben Reis, mögen Risotto aber ganz und gar nicht.
- Knackig ist schön! Bissfestes Gemüse ist für Kinder meist attraktiver als weich gekochtes.
- »Trennkost« am Teller: Ein Teller voll extra angerichteter Lebensmittel wird oft besser akzeptiert als ein »Eintopf«.
- Wenig macht Appetit – übervolle Teller nehmen den Kleinen oft die Lust am Essen. Besser nachschöpfen, wenn es schmeckt.
- Kinder lieben Gesellschaft – essen Sie so oft als möglich gemeinsam.
- Kinder wissen, wann sie genug haben. Zwingen Sie Ihr Kind nicht aufzuessen – das verleidet die Mahlzeit.

übrigens: Die Ernährungsgewohnheiten werden im Kleinkindalter geprägt. Mit ca. acht Jahren sind sie gefestigt und kaum mehr zu verändern.

Was Kleinkinder brauchen

Kinder wachsen, sind ständig in Bewegung, ihr Gehirn verarbeitet laufend neue Erfahrungen, das Immunsystem entwickelt sich – kurz: Der kindliche Stoffwechsel läuft auf Hochtouren.

Um alle diese Anforderungen bewältigen zu können, muss das Kind ausreichend Energie und Nährstoffe über die Nahrung aufnehmen. Schon ein geringer Mangel an bestimmten Nährstoffen führt zu Wachstumsverzögerungen, Müdigkeit, Konzentrationsschwäche oder Reizbarkeit. Wie sieht aber eine ausgewogene Kost, die alle benötigten Nährstoffe in ausreichender Menge enthält, aus?

Die Grundsätze einer gesunden Kinderernährung sind den Richtlinien der gesunden Ernährung für Erwachsene sehr ähnlich:

- Ausreichend trinken!
- Mind. zwei Drittel der aufgenommenen Lebensmittel sollten pflanzlich sein: frisches Gemüse und Obst, Getreide und Getreideprodukte, Pflanzenöle.
- Tierische Lebensmittel sollten »nur« ein Drittel der aufgenommenen Lebensmittel ausmachen: Milch, Milchprodukte, Fleisch und Wurstwaren, Fisch, Eier.
- Zucker- und Salzkonsum sollten eingeschränkt werden.
- Fett sparen!
- Auf hohe Lebensmittelqualität (siehe Seite 44 ff.) achten: Frische, ausgereifte Lebensmittel sind wesentlich reicher an wertvollen Nährstoffen. Produkte aus biologischer Landwirtschaft sind zudem weitgehend frei von unerwünschten Rückständen.
- Nichts ist verboten – auf die Menge kommt es an!
- Regelmäßige Mahlzeiten sind für Kinder wichtig: Drei Hauptmahlzeiten und zwei Zwischenmahlzeiten täglich garantieren eine gleichmäßige und ausreichende Zufuhr von Energie und Nährstoffen.
- Der wichtigste Grundsatz: Vielseitigkeit und Abwechslung am Speiseplan.

Die Pyramide zeigt, wie's geht

Der Körper braucht viele verschiedene Nährstoffe, die alle durch unterschiedliche Lebensmittel geliefert werden. Es ist einfach, sich und das Kind ausgewogen und gesund zu ernähren. Sie müssen sich dazu nicht mit Kalorien und Milligramm beschäftigen. Wenn Sie die oben genannten Grundsätze beachten, ernähren Sie sich automatisch richtig. Als Orientierung kann auch die Ernährungspyramide dienen. Sie zeigt Ihnen, wie's geht: Geben Sie Ihrem Kind etwas aus jeder Lebensmittelgruppe. Orientieren Sie sich dabei an der Größe des jeweiligen Pyramidenfeldes. Großes Feld: Lebensmittel aus dieser Gruppe oft und reichlich verwenden. Kleines Feld: Mit diesen Lebensmitteln sparsam umgehen.

Die Basis: Getränke

Ideal sind Trinkwasser aus der Leitung sowie ungesüßte Kräuter-, Blüten- und Früchtetees. Beliebt sind auch gespritzte Fruchtsäfte (1 Teil Saft, 2 Teile Wasser) oder verdünnte Fruchtsirupe. Stellen Sie in einer »Trinkbar« immer ein Getränk in Reichweite des Kindes. So kann es zwischendurch, ohne fragen zu müssen, den Durst löschen. Auch beim Essen darf getrunken werden: Trockenes Essen rutscht durch ein Getränk besser hinunter.

Limonaden, Brausegetränke, Fruchtnektare etc. sind sehr zuckerreich, oft auch mit Süß-, Farb- und Aromastoffen versetzt und für Kinder ungeeignet.

Die Bunten: Gemüse, Salat und Obst

Gemüse und Obst sind besonders vitamin- und mineralstoffreich. Sie enthalten auch wertvolle Ballaststoffe und viele gesundheitsfördernde sekundäre Pflanzenstoffe. Die Auswahl ist nahezu unerschöpflich. Die Zubereitungsmöglichkeiten sind es – von mundgerechten rohen Obst- und Gemüsestücken bis zu cremigen Suppen – ebenso. Kinder lieben die Farben- und Formenvielfalt und bei Obst natürlich den süßen Geschmack. Linsen, Bohnen, Kichererbsen und Co sind wertvolle Eiweißlieferanten, ballaststoff- und mineralstoffreich. Hülsenfrüchte sind für Kleinkinder bekömmlicher, wenn sie püriert serviert werden.

Die Starken: Getreide, Getreideprodukte und Erdäpfel

Brot, Nudeln, Flocken, Grieß, Mehl oder ganze Körner wie Hirse, Hafer, Gerste, Reis, Dinkel, Grünkern, Weizen, Roggen, Mais, Buchweizen und Erdäpfel sind nicht nur die besten Energielieferanten für Kinder. Sie sind auch besonders reich an wertvollen Vitaminen, Mineralstoffen und Ballaststoffen. Mindestens die Hälfte der Getreidemahlzeiten sollte aus »Vollkorn« bestehen, denn nur im vollen Korn sind alle wertvollen Inhaltsstoffe von Getreide erhalten.

Die Knochenstarken: Milch und Milchprodukte

Milch enthält reichlich Vitamine und Mineralstoffe, besonders Kalzium und Vitamin D – beide sind für den Knochenaufbau wichtig. Wenn Ihr Kind keine Milch trinken mag, können Sie die Milch verkochen (z. B. in Palatschinken, Grießbrei, Milchreis). Gesäuerte Milchprodukte (Jogurt, Sauermilch, Buttermilch, Topfen) sind mit Obstzusatz beliebt. Käse ist »konzentrierte Milch«, daher sind schon kleine Mengen sehr gute Mineralstoff-

und Vitaminlieferanten. Schmelzkäse enthalten Phosphatsalze und sind daher für Kleinkinder nicht geeignet.

übrigens: Viele Instant-Kakaogetränke enthalten hohe Mengen Zucker und dazu noch Emulgatoren und Aromen. Reines Kakaopulver, mit Honig in lauwarmer Milch aufgelöst, schmeckt genauso gut. Vorsicht: Milch ist kein Getränk und kann Wasser nicht ersetzen.

Die Beilagen: Fleisch, Fisch und Ei

Die hochwertigen tierischen Eiweißlieferanten helfen Muskelmasse aufzubauen, liefern wertvolle Mineralstoffe (z. B. Eisen) und Vitamine. Süßwasserfisch und hin und wieder Meeresfisch darf öfter auf den Speiseplan. Fleisch und Eier sollten – um die Eiweiß-, Fett- und Cholesterinbilanz nicht unnötig zu belasten – jeweils nur zwei bis drei Mal pro Woche auf den Speiseplan kommen. Wurst ist stark gesalzen und meist sehr fett und daher für Kleinkinder nicht zu empfehlen.

Wählerisch: Fette, Öle und Ölsaaten

Ihr Kind benötigt wenig, aber sehr hochwertiges Fett. Kaltgepresste Pflanzenöle (z. B. Sonnenblumenöl, Olivenöl) sind reich an fettlöslichen Vitaminen und wertvollen ungesättigten Fettsäuren. Auch Butter ist – in Maßen genossen – ein wertvolles vitaminreiches Fett. Verwenden Sie auch Ölsaaten: Sonnenblumenkerne in den Salat, Nüsse und Kürbiskerne zum Knabbern, Leinsamen auf Cracker und ins Brot, Sesam auf gratiniertes Gemüse etc. Achten Sie auf die versteckten Fette in Fleisch, Käse, Wurst, Fischstäbchen, Pommes frites, Chips, Mehlspeisen, Keksen, Schokolade und fetten Zubereitungsarten (Frittieren, fette Soßen, Blätterteigmantel etc.). Versuchen Sie, diese zu reduzieren.

Selten: Süßigkeiten

Zucker und Honig sind Gewürze. Ob in Hirseauflauf, Grießbrei, Fruchtjogurt oder Kuchen – wer Süßungsmittel zum »Würzen« nimmt und entsprechend sparsam verwendet, braucht sie seinem Kind nicht vorzuenthalten. Die üblichen Süßigkeiten für Kinder liefern allerdings nur »leere Kalorien« – enthalten also kaum Vitamine und Mineralstoffe – und schaden zudem den Zähnen.

Von der Lust auf Süßes

Die Vorliebe für Süßes ist uns angeboren. Schon die Muttermilch schmeckt süßlich. Der süße Geschmack vermittelt ein Gefühl von Geborgenheit und hebt die Stimmung. Die Menge an Süßigkeiten sollte jedoch auf ein vernünftiges Maß eingeschränkt werden, um Karies, Heißhunger, Übergewicht und andere Folgen einer ungesunden Ernährungsweise zu vermeiden.

Tipps für den Umgang mit Süßem

- Die Lust auf Süßes mit fruchtigen Desserts, obsthaltigen Jausen, selbstgemachten Vollkornkuchen oder Trockenfrüchten stillen (Rezepte siehe Seite 110). Diese »Naschereien« enthalten nämlich im Gegensatz zu den industriell gefertigten Süßigkeiten auch natürliche Vitamine, Mineral- und Ballaststoffe.
- Süßes verdirbt den Appetit. Nicht vor dem Essen naschen.
- Süßes nicht als Belohnung (z. B. für die brav gegessene Suppe) anbieten.
- Jause: Es ist verführerisch und praktisch, den Kleinen zwischendurch ein paar Kekse anzubieten. Doch wenn das zu oft vorkommt, gewöhnen Sie Ihr Kind an Süßes.
- Im Supermarkt oder Geschäft: Kaufen Sie Ihrem Kind nichts Süßes, wenn es mit dabei ist. So wird Ihr Kind erst mit ca. drei Jahren beginnen, begehrlich auf die verführerisch in Augenhöhe aufgebauten Schoko- und Kaugummiberge zu schauen und danach zu verlangen.
- Süßes als Mitbringsel ist beliebt, doch auch andere Kleinigkeiten – z. B. Luftballons, Stifte, Aufkleber, Tattoos, kleine Bücher, Obst, lustig geformte Nudeln, Rosinenbrötchen – sind bei Kindern gefragt.
- Süßstoffe sind keine Alternative – sie heben die Lust auf Süßes, statt sie zu senken. Zudem sind diese synthetischen Zusatzstoffe für Kleinkinder nicht empfehlenswert.

Kinderprodukte – Sinn oder Unsinn?

Kinderlebensmittel – Frühstückssnacks, Kindermilchprodukte, Riegel, Kinderschokoladen & Co – locken mit bunten Bildern, Comicfiguren oder Aufklebern. Spaß für die Kleinen, ein gutes Gefühl für die Großen: Eltern finden auf den Packungen beruhigende Produktinformationen wie »mit viel Kalzium und wertvollen Vitaminen«, »mit guter Vollmilch« oder »aus vollem Korn«. Außerdem sind Kinderlebensmittel meist »kinderfreundlich« portioniert. Wer könnte so etwas »Gesundes« dem Kind vorenthalten?

achtung: Je kinderfreundlicher sich ein Lebensmittel anpreist, desto reicher an Zucker und Fett ist es meist. Nehmen Sie beim Kauf die Zutatenliste unter die Lupe. Sind Zucker, Glukosesirup, Fruchtzucker, Honig oder auch Süßstoff prominent vertreten, dann lassen Sie das – meist auch teure – Produkt Ihrem Kind zuliebe besser stehen. Spezielle Produkte für Kinder oder nährstoffangereicherte Lebensmittel sind für eine ausgewogene Ernährung des Kindes schlicht nicht erforderlich.

Gustis Tagebuch

Folge 4: Kochen mit Mama

was Kindern schmeckt

Rezepte & Zubereitung

Frühstück – der gute Start in den Tag

Saftiges Schlemmermüsli | Zubereitungsdauer (inkl. Quellzeit): 25 min

Zutaten (1 Portion):

- 2 EL Dinkelvollkornmehl
- 50 ml Wasser
- 100 g Obst der Saison (siehe Saisonkalender)
- 1–2 TL geriebene Walnüsse
- 3 EL Jogurt

Mehl im Wasser unter Rühren aufkochen, abkühlen lassen. Obst zerkleinern – je nach Sorte zerdrücken, raspeln oder pürieren. Obstbrei, Nüsse und Jogurt mit dem Getreidebrei vermengen.

variante: Dinkelmehl durch andere Vollkornmehle (Gerste, Hirse, Hafer, Weizen …) oder Grieß ersetzen.

Knuspermüsli auf Fruchtjogurt | Zubereitungsdauer: 15 min

Zutaten (1 Portion):

- 1 TL Butter
- 1 TL Honig
- 3 EL Haferflocken
- 150 g Jogurt
- 100 g Obst der Saison (siehe Saisonkalender)

Für die Knusperflocken Butter und Honig erhitzen, Haferflocken einstreuen und ca. 2 Minuten unter Rühren rösten. Flocken auf einem Teller auskühlen lassen. Jogurt mit den Beeren oder geraspelten Birnen verrühren, mit Knusperflocken bestreuen.

variante: Haferflocken durch andere Getreideflocken ersetzen oder auch mischen. Knusperflocken schmecken fein nussig. Wenn es einmal schnell gehen muss, ungeröstete Getreideflocken in das Jogurt einrühren. Auch Kokosflocken, gehackte Nüsse, Leinsamen, geröstete Sonnenblumenkerne oder Sesam schmecken im Frühstücksmüsli.

tipp

Lassen Sie Ihr Kind selbst die Flocken und Kerne auswählen, die es am liebsten im Müsli hat.

Milchreis mit frischem Obst | Zubereitungsdauer: 20 min

Zutaten (1 Portion):

100 ml	Milch
100 ml	Wasser
1	Bio-Zitrone (Schale)
70 g	Rundkornreis (nach Belieben auch Vollkornreis)
1 TL	Honig
1	Apfel
50 g	Obst der Saison (siehe Saisonkalender)
	Zimt

Milch und Wasser mit Zitronenschale zum Kochen bringen, Reis einstreuen, ca. 10 Minuten köcheln lassen. Mehrmals umrühren. Honig unterziehen. Apfel grob raspeln, ebenfalls unterheben. Das restliche Obst in mundgerechte Stücke schneiden und auf dem Milchreis anrichten. Mit Zimt leicht bestreuen.

Variante: Reis durch Polenta, Hirse oder andere Getreidereise (Gerstenreis, Einkornreis, Dinkelreis ...) ersetzen.

tipp

Milchreis ist auch ein beliebtes Dessert und schmeckt ebenso gut mit Trockenfrüchten.

Beliebte Extras zum Butterbrot

- magerer Käse, Schinken
- als knackige Garnitur oder zum Dazuknabbern: Birnenspalten, Beeren, Trauben, Melonenkugeln, Radieschenscheiben, Gurkentaler, Tomatenspalten, Karottenherzen, Kohlrabistifte, Zucchinimonde, Paprikastreifen ...

Vitamine fürs Frühstücksbrot | Topfen-Apfel-Aufstrich

Zutaten (1 Portion):

- 1/2 Apfel
- 2 EL Topfen

Apfel fein raspeln, mit Topfen verrühren. Auf das Brot streichen oder löffeln.

Schnelles Apfelmus

Zutaten (1 Portion):

- 1 Apfel
- 2 TL geriebene Nüsse, Sesam oder Sonnenblumenkerne
- evtl. Jogurt
- evtl. Zimt

Apfel grob raspeln und mit den geriebenen Nüssen (oder Sesam, Sonnenblumenkerne) 2 Minuten in der Pfanne dünsten. Nach Belieben mit einer Prise Zimt abschmecken. Überkühlt aufs Brot streichen oder – z. B. mit Jogurt vermischen – löffeln.

Marillenaufstrich

Zutaten (1 Portion):

- 30 g getrocknete Marillen oder Dörrzwetschken, getrocknete Birnen …
- 20 ml Fruchtsaft
- 1 TL geriebene Nüsse
- Zimt

Getrocknete Marillen grob zerkleinern, in Fruchtsaft über Nacht einweichen. Pürieren, mit geriebenen Nüssen vermischen und mit Zimt abschmecken. Dieser Aufstrich kann auch auf Vorrat gemacht werden.

Karotten-Apfel-Mix

Zutaten (1 Portion):

- 1/2 Karotte
- 1/2 Apfel

Karotte und Apfel fein reiben, vermischen und aufs gebutterte Brot schichten.

Tomatenaufstrich

Zutaten (1 Portion):

- 1 kleine Tomate
- 3 EL Frischkäse
- 1/2 TL Tomatenmark
- Paprikapulver
- Salz, Pfeffer
- Basilikum

Tomate kurz in heißes Wasser tauchen, häuten und klein würfeln. Mit Frischkäse, Tomatenmark, Salz, Pfeffer, Paprikapulver und gehacktem Basilikum verrühren.

Suppen, Soßen & andere Lieblingsspeisen

Kinder lieben Suppen. Die Suppenrezepte aus dem Kapitel »Babykost, die schmeckt« (siehe Seite 72) sind – etwas kräftiger gewürzt (z.B. mit Salz, Pfeffer, Piment, Lorbeer, Curry, Ingwer, Muskat …) – auch bei Kleinkindern sehr begehrt. Verschiedene Suppeneinlagen bringen Abwechslung und machen das Gericht nahrhafter.

Gebratene Brotwürfel (Croûtons) | Zubereitungsdauer: 10 min

Zutaten (4 Portionen):

- 2–3 Scheiben Brot (Vollkorn-, Roggen- oder Weißbrot)
- 2 EL Butter

Brot würfelig schneiden. Butter in einer Pfanne erhitzen, Brotwürfel darin anbraten. Noch heiß zu Cremesuppen servieren.

tipp

Statt Würfel zu schneiden, können Sie mit einem Keksausstecher Herzen, Sterne etc. aus den Brotscheiben ausstechen. Croûtons sind eine gute Verwertungsmöglichkeit für altbackenes Brot.

Erdäpfelchips | Zubereitungsdauer: 20 min

Zutaten (4 Portionen):

- 2–3 Erdäpfel
- 1 EL Olivenöl

Erdäpfel waschen, in 2 bis 3 mm dicke Scheiben schneiden, auf ein mit Backpapier belegtes Blech einzeln auflegen. Mit Öl bepinseln. Im vorgeheizten Rohr bei 220 °C ca. 10 bis 15 Minuten goldgelb backen. Passt gut zu Gemüsecremesuppen.

Erdäpfelsterne & Karottenherzen | Zubereitungsdauer: 5 min

Zutaten:

- 2–3 Erdäpfel, gegart
- 1 große Karotte, gegart

Erdäpfel und Karotte in $^{1}/_{2}$ cm dicke Scheiben schneiden. Mit einem kleinen Keksausstecher Sterne oder Herzen ausstechen. Passt in Cremesuppen und in alle klaren Suppen.

Hirsenockerln | Zubereitungsdauer: 45 min

Zutaten (4 Portionen):

- 40 g Butter
- 150 g Topfen
- 1 Eidotter
- 80 g Hirsemehl
- Salz, Muskatnuss
- 1 Eiklar

Butter schaumig rühren, Hirsemehl, Topfen, Eidotter, Salz und Muskat einrühren. Die Masse 20 Minuten rasten lassen. Eiklar zu Schnee schlagen und unter die Masse heben. Mit zwei in Wasser getauchten Kaffeelöffeln kleine Nockerln formen, in siedendem Salzwasser oder in Suppe 15 Minuten ziehen lassen. Passt in Gemüsecremesuppen und in alle klaren Suppen.

Dinkelgrießnockerln | Zubereitungsdauer: 35 min

Zutaten (4 Portionen):

- 40 g Butter
- 1 Ei
- 80 g Dinkelvollkorngrieß
- Salz, Muskatnuss

Butter schaumig rühren, Ei, Grieß und Gewürze einrühren. Masse 15 Minuten rasten lassen. Mit zwei in Wasser getauchten Kaffeelöffeln kleine Nockerln formen, in siedendem Salzwasser oder in Suppe 10 Minuten ziehen lassen. Passt in Gemüsecremesuppen und in alle klaren Suppen.

Variante: Für Grünkernnockerln den Dinkelgrieß durch 50 g Grünkernschrot, der in 125 ml Milch gekocht wurde, ersetzen.

Frittaten | Zubereitungsdauer: 35 min

Zutaten (4 Portionen):

100 ml	Milch
2	Eier
60 g	(Vollkorn-)Mehl
	Salz
	Öl zum Backen

Milch und Eier mit dem Schneebesen glatt rühren, Mehl und Salz einrühren. Teig 15 Minuten rasten lassen. Wenig Öl in einer Pfanne erhitzen, Teig dünn ganzflächig einlaufen lassen und beidseitig goldgelb backen. So lange wiederholen, bis der ganze Teig aufgebraucht ist. Überkühlte Palatschinken in dünne Streifen schneiden. Passt in alle klaren Suppen.

variante: 1 EL sehr fein gehackte Kräuter (z. B. Petersilie, Kerbel, Estragon, Pimpinelle, Brennnessel) in den Palatschinkenteig einrühren.
Das Mehl kann durch Maismehl oder Buchweizenmehl ersetzt werden.

tipp

Übrige Suppeneinlagen (Nockerln, Frittaten, Schöberln …) lassen sich gut einfrieren.

Erdäpfelgulasch | Zubereitungsdauer: 40 min

Zutaten (4 Portionen):

3	Zwiebeln
2	Knoblauchzehen
3 EL	Sonnenblumenöl
800 g	Erdäpfel
1–2 EL	Paprikapulver (edelsüß)
1/2 l	Wasser oder Suppe
1–2 EL	Essig
	Salz, Pfeffer, Majoran
100 g	Wurst (evtl.)

Zwiebeln und Knoblauch fein schneiden, in Öl goldgelb anbraten, grob gewürfelte Erdäpfel und Paprikapulver dazugeben, umrühren und sofort mit Wasser oder Suppe aufgießen. Gewürze und Essig beimengen, zugedeckt ca. 20 Minuten garen. Nach Geschmack evtl. vor Garende die in Scheiben geschnittene Wurst in das Gulasch geben.

varianten: Für ein Gemüsegulasch die Hälfte der Erdäpfel durch Gemüse (z. B. Kürbiswürfel, geraspelte Karotten, Paprikastreifen, gewürfelte Tomaten, Fisolen, Kohlrabistäbchen) ersetzen.
Fischgulasch erhält man, wenn die Wurst durch 400 g Fischfilet ersetzt wird.

tipp

Passende Wurstsorten sind z. B. Frankfurter, Dürre …

Kapitän Nick's Fischtopf | Zubereitungsdauer: 40 min

Zutaten (4 Portionen):

- 1 Zwiebel
- 1 Knoblauchzehe
- 2 EL Olivenöl
- 2 Erdäpfel
- 2 frische Tomaten oder
- 1–2 EL Tomatenmark
- 300 g Gemüse der Saison (siehe Saisonkalender)
- 3/4 l Wasser
- Salz
- 1 Lorbeerblatt
- 1/2 Bio-Zitrone (Saft)
- 400 g Fischfilet
- Petersilie, Basilikum ...

Zwiebel und Knoblauch hacken, in Öl glasig anlaufen lassen. Erdäpfel und Tomaten würfeln, Gemüse schneiden und kurz mitbraten. Mit Wasser aufgießen, Salz, Lorbeerblatt und Zitronensaft dazugeben und zugedeckt 15 Minuten köcheln lassen. Grätenfreies Fischfilet in große Würfel schneiden, dazugeben und bei schwacher Hitze weitere 10 Minuten gar ziehen lassen. Dazu passt Reis.

tipp

Passende Süßwasserfische sind z.B. Zander, Wels, Karpfen, Forelle. Passende Seefische sind z.B. Kabeljau, Barsch, Seelachs.

Jungrindschnitzel mit Wurzelsoße | Zubereitungsdauer: 35 min

Zutaten (4 Portionen):

- 8 kleine, dünne Jungrindschnitzel
- 2 EL (Vollkorn-)Mehl
- 2 EL Sonnenblumenöl
- 1 kleine Zwiebel
- 100 g Sellerie
- 2 Karotten
- 1/2 Stange Lauch
- 200 ml Suppe oder Wasser
- Salz, Pfeffer
- 1 EL Sauerrahm

Jungrindschnitzel klopfen, mit Salz und Pfeffer würzen, auf einer Seite in Mehl tauchen, in Öl beidseitig gut anbraten und warm stellen. Zwiebel fein hacken, in Öl glasig anlaufen lassen, geraspelte Sellerie und Karotten sowie fein ringelig geschnittenen Lauch kurz mitbraten, mit Wasser oder Suppe aufgießen. Schnitzel dazugeben und ca. 15 Minuten fertig schmoren.

Das Fleisch aus der Pfanne nehmen, Gemüsesoße pürieren, abschmecken, Sauerrahm einrühren. Dazu Spätzle oder Nudeln servieren.

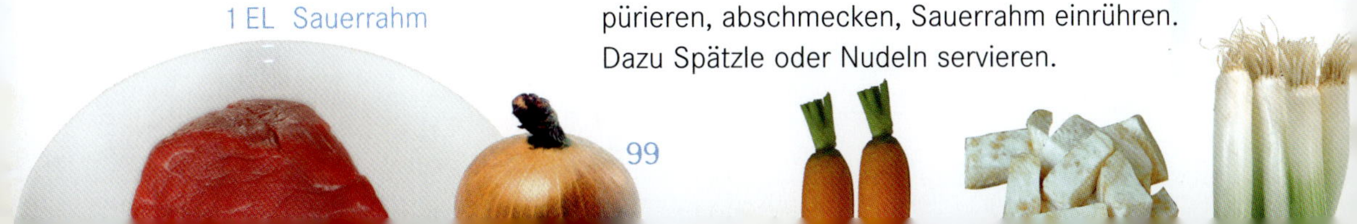

Soßen

Zu Nudeln, Semmelknödeln, Spätzle, Polenta, Erdäpfel, Reis, Einkorn oder Hirse mögen Kinder besonders gerne farbenprächtige Soßen.

Paprikarahm | Zubereitungsdauer: 20 min

Zutaten (4 Portionen):

1	Zwiebel
1 EL	Olivenöl
400 g	rote Paprika
100 ml	Suppe oder Wasser
	Paprikapulver, Salz
1/2 Bund	Petersilie
2 EL	Sauerrahm

Zwiebel fein hacken, in Öl glasig anlaufen lassen, klein geschnittene Paprika kurz mitbraten, mit Suppe oder Wasser aufgießen. 10 Minuten köcheln lassen, pürieren. Mit Paprikapulver, Salz, Petersilie und Sauerrahm abschmecken.

Zucchinisoße | Zubereitungsdauer: 20 min

Zutaten (4 Portionen):

1	Zwiebel
1	kleine Knoblauchzehe
1 EL	Olivenöl
400 g	Zucchini
200 ml	Milch
100 g	Frischkäse
	Salz, Pfeffer

Zwiebel und Knoblauch fein hacken, in Öl glasig anbraten, Zucchini fein raspeln, kurz mitbraten. Mit Milch aufgießen, zugedeckt ca. 10 Minuten köcheln lassen, evtl. pürieren. Käse mit dem Schneebesen einrühren. Mit Salz und Pfeffer abschmecken. Wenn die Soße zu dünnflüssig wird, mit Hirseflocken oder Stärkemehl andicken.

Grüne Soße | Zubereitungsdauer: 20 min

Zutaten (4 Portionen):

- 700 g Spinat oder Brennnesseln, Brokkoli …
- 20 g Butter
- 2 EL (Vollkorn-)Mehl
- 300 ml Suppe (evtl. zur Hälfte mit Milch vermischt)
- Salz, Pfeffer
- evtl. 1 Knoblauchzehe

Spinat blanchieren, abseihen und gut ausdrücken, fein hacken. Butter erwärmen, Mehl kurz in der Butter anschwitzen, heiße Suppe und Spinat mit dem Schneebesen einrühren, aufkochen lassen und evtl. pürieren. Mit Salz, Pfeffer und zerdrücktem Knoblauch abschmecken.

Karottensoße | Zubereitungsdauer: 20 min

Zutaten (4 Portionen):

- 1/2 Zwiebel
- 1 EL Sonnenblumenöl
- 500 g Karotten
- 300 ml Suppe oder Wasser
- Salz, Pfeffer
- Orangensaft
- 1–2 TL Mehl oder Hirseflocken zum Eindicken

Zwiebel hacken, in Öl glasig anlaufen lassen, gewürfelte Karotten kurz mitdünsten, mit Suppe oder Wasser aufgießen. Mit Salz und Pfeffer würzen. 10 Minuten köcheln lassen. Pürieren, mit Orangensaft abschmecken. Wenn die Soße zu dünn ist, mit Mehl oder Flocken eindicken.

Variante: Für eine tiefrote Soße Karotten durch Rote Rüben ersetzen.

Tomatensoße | Zubereitungsdauer: 15 min

Zutaten (4 Portionen):

- 1/2 Zwiebel
- 1 EL Olivenöl
- 700 g Fleischtomaten oder Polpa aus der Flasche bzw. Dose
- Salz, Pfeffer
- 4–5 Basilikumblätter

Zwiebel fein hacken, in Öl glasig anlaufen lassen. Tomaten würfeln, dazugeben, ca. 8 Minuten dünsten. Würzen, zuletzt die fein gehackten Basilikumblätter unterrühren.

Fleischsugo | Zubereitungsdauer: 25 min

Zutaten (4 Portionen):

- 1 kleine Zwiebel
- 1 EL Olivenöl
- 300 g Hackfleisch (z. B. Jungrind, Huhn, Schwein)
- 400 g Fleischtomaten oder Polpa aus der Flasche bzw. Dose
- 400 g Gemüse der Saison (siehe Saisonkalender)
- Salz, Pfeffer
- 1 Knoblauchzehe
- 1 EL gehacktes Basilikum oder Oregano

Gehackte Zwiebel in Öl glasig anlaufen lassen, Faschiertes kurz mitbraten. Tomaten würfeln, gemeinsam mit dem klein geschnittenen Gemüse dazugeben. Würzen, 15 Minuten köcheln lassen. Zuletzt Basilikum oder Oregano unterrühren.

Topfen-Kräuter-Soße | Zubereitungsdauer: 10 min

Zutaten (4 Portionen):

- 250 g Topfen
- 1 Becher Jogurt
- 1 EL Sonnenblumenöl
- 4 EL gehackte Kräuter (z. B. Schnittlauch, Kresse, Zitronenmelisse …)
- 1 Bio-Zitrone (Saft)
- Salz, Pfeffer

Topfen und Jogurt glatt rühren, mit Öl verrühren. Mit gehackten Kräutern, Zitronensaft, Salz und Pfeffer abschmecken.

tipp

Passt besonders gut zu Erdäpfel, Gemüsestiften und Brot.

Karottenspätzle | Zubereitungsdauer: 40 min

Zutaten (4 Portionen):

200 g	Karotten
250 g	(Dinkelvollkorn-)Mehl
3 EL	Öl
1	Ei
100 ml	lauwarmes Wasser
	Salz
30 g	Butter

Karotten fein raspeln. Aus Mehl, Öl, Ei, Wasser, Karotten und Salz einen Spätzleteig bereiten, 15 Minuten rasten lassen, in reichlich Salzwasser einkochen (mit einem Nockerlschlitten, mit der Flotten Lotte – grober Einsatz – oder aber vom nassen Brett weg mit dem Messer dünne Streifen einschaben). Wenn die Spätzle oben schwimmen, sind sie fertig. Mit einem Schaumlöffel herausheben, in Butter schwenken. Als Beilage oder mit Soße als Hauptgericht servieren.

Varianten: Spinatspätzle erhält man, wenn die Karotten durch 6 EL passierten Spinat ersetzt werden. Für Eiernockerln die Spätzle in einer Pfanne mit versprudelten Eiern vermischen. Sobald die Eier fest werden, mit Kresse bestreuen und servieren.

Hühnchen mit Paprika | Zubereitungsdauer: 60 min

Zutaten (4 Portionen):

4	Hühnerkeulen
2 EL	Öl
200 g	Zwiebeln
400 g	Zucchini
2	Tomaten
1 EL	Paprikapulver edelsüß
	Salz
250 ml	Wasser

Hühnerkeulen in einer Bratpfanne in Öl rundherum anbraten, herausnehmen. Zwiebeln fein hacken, Zucchini und Tomaten würfeln. Das Gemüse nun in der Pfanne anbraten, würzen, mit Wasser aufgießen, Hühnerkeulen wieder dazugeben und ca. 30 Minuten fertig schmoren.
Dazu Reis, Couscous oder Nudeln servieren.

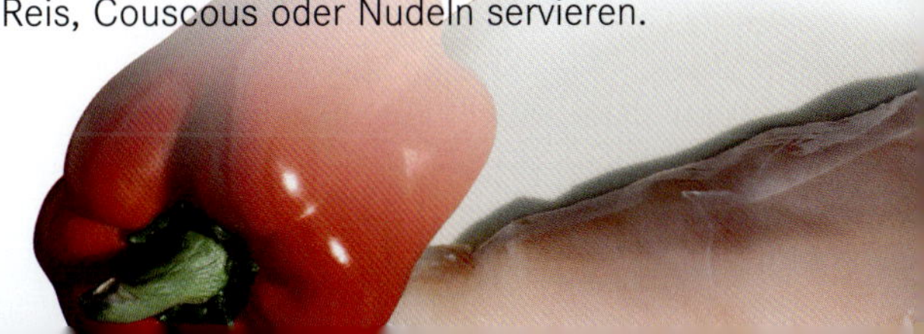

Erdäpfel-Gemüse-Torte | Zubereitungsdauer: 70 min

Zutaten (4 Portionen):

400 g	Gemüse der Saison (siehe Saisonkalender)
10 g	Butter
700 g	Erdäpfel
100 g	frischer Schafkäse
50 g	Schinken
1	Ei
	Petersilie, Basilikum
	Salz, Pfeffer
50 g	Brösel

Gemüse putzen, klein schneiden, in Butter dünsten. Erdäpfel dämpfen oder kochen, schälen und passieren. Geriebenen Käse, gewürfelten Schinken, Ei und Gewürze unter die Erdäpfelmasse mischen, evtl. Brösel dazugeben. Die Hälfte der Erdäpfelmasse in eine gefettete Auflaufform füllen, mit Käse und Gemüse belegen und mit der restlichen Erdäpfelmasse abdecken. Im vorgeheizten Rohr ca. 30 Minuten bei 190 °C backen.

tipp

Zu Erdäpfel passen besonders gut z.B. Brokkoli, Spinat, Mangold ...

Spinat-Polenta-Kuchen | Zubereitungsdauer: 60 min

Zutaten (4 Portionen):

	Polenta:
700 ml	Wasser
20 g	Butter
	gemahlener Koriander, Salz
200 g	Maisgrieß
	Belag:
1	Zwiebel
20 g	Butter
300 g	Karotten
500 g	Spinat
2	Knoblauchzehen
	Pfeffer
	Überguss:
1/2	Becher Schlagobers
150 g	Blauschimmelkäse
	Pfeffer

Wasser mit Butter und Gewürzen aufkochen, Maisgrieß einrühren, kurz köcheln lassen. Dann vom Feuer nehmen und zugedeckt ausquellen lassen. Polentamasse auf ein gefettetes Backblech oder in eine große gefettete Auflaufform streichen. Zwiebel hacken, in Butter glasig anlaufen lassen, blättrig geschnittene Karotten kurz mitdünsten, Spinat dazugeben, würzen. Karotten-Spinat-Masse auf die Polenta schichten. Für den Guss Schlagobers und zerbröckelten Käse verrühren, würzen und auf dem Kuchen verteilen. Bei 210 °C ca. 20 Minuten backen.

Pastinaken-Hirse-Auflauf | Zubereitungsdauer: 60 min

Zutaten (4 Portionen):

160 g	Hirse
2 EL	Olivenöl
400 ml	Gemüsesuppe oder Wasser
2	Zwiebeln
400 g	Pastinaken
	Petersilie
	Salz, weißer Pfeffer
250 g	Topfen
4	Eier
	Käse, gerieben

Hirse warm und kalt abspülen, in 1 EL Olivenöl einrühren, mit Suppe aufgießen, 5 bis 10 Minuten köcheln und danach ausquellen lassen. Zwiebeln fein würfeln, in Öl anlaufen lassen, grob geraspelte Pastinaken dazugeben und bissfest dünsten. Das Gemüse mit gehackter Petersilie, Pfeffer und Salz würzen, Topfen, Eidotter und Hirse untermischen, Eischnee unterheben. In eine gefettete Auflaufform füllen und bei 190 °C ca. 30 Minuten backen. Noch heiß mit Käse bestreuen.

varianten: Die Pastinaken können durch anderes Gemüse der Saison ersetzt werden.

Krautfleckerln | Zubereitungsdauer: 45 min

Zutaten (4 Portionen) :

250 g	(Vollkorn-)Fleckerln
1	Zwiebel
2 EL	Kristallzucker
4 EL	Butter
1	kleiner Kopf Weißkraut, würfelig geschnitten
	Salz, Pfeffer
100 ml	Wasser oder Suppe
2 EL	Balsamessig (z.B. Aceto Balsamico)

Die Fleckerln in reichlich Salzwasser bissfest kochen. In der Zwischenzeit die Zwiebel fein hacken, mit Zucker in der Butter braun braten und karamellisieren lassen. Das Kraut dazugeben, salzen und pfeffern, mit Wasser oder Suppe aufgießen und weich dünsten (ca. 10 bis 15 Minuten). Die Fleckerln untermischen, mit Essig abschmecken.

variante: Für Schinkenfleckerln die Fleckerln mit 150 g gewürfeltem Schinken, 1/2 Becher Sauerrahm, 2 Eidottern, Salz, Pfeffer und Muskatnuss mischen. Zuletzt Schnee von 2 Eiklar unterheben, in eine gefettete Auflaufform füllen und bei 180 °C 30 Minuten backen.

Knackige Salate

Manche Kinder knabbern gerne frische Salate, andere weniger. Mischen Sie saftiges Obst unter das zerkleinerte Gemüse, das macht Salate für den Kindergaumen attraktiver.

Ansonsten gilt: Alles, was Ihr Kind mag, darf in den Salat!

Rote-Rüben-Apfel-Salat | Zubereitungsdauer: 15 min

Zutaten (4 Portionen):

- 400 g Rote Rüben (roh)
- 1 Apfel
- 2 EL Sauerrahm
- 2 EL Jogurt
- 1 EL Sonnenblumenöl
- evtl. 1 TL Kren, gerieben
- 1 Bio-Zitrone (Saft)

Rote Rüben gut bürsten, schälen und fein raspeln, Apfel ebenfalls raspeln und alles mit der Salatsoße mischen und servieren.

Variante: Rote Rüben kochen oder dämpfen, raspeln und mit Salz, Essig und 1 EL Kürbiskernöl marinieren.

Chinakohl-Fruchtsalat | Zubereitungsdauer: 15 min

Zutaten (4 Portionen):

- 1/2 Chinakohl
- 1 Orange
- 1 Apfel oder 1 Birne
- 1 Becher Jogurt
- 1 Bio-Zitrone (Saft)
- Essig
- 2 EL Sauerrahm oder Obers
- Salz, Pfeffer, Honig
- 2 EL gehackte Walnüsse

Chinakohl halbieren, Strunk herausschneiden, Blätter in schmale Streifen schneiden. Orange schälen und die Filets in Stücke schneiden. Apfel bzw. Birne in Stücke schneiden. Jogurt, Zitronensaft, Essig und Rahm mit den Gewürzen verrühren, Salat mit Nüssen bestreuen.

Zucchini-Melonen-Salat | Zubereitungsdauer: 15 min

Zutaten (4 Portionen):

- 1 kleine Zucchini
- 1/2 Honigmelone
- Salz, Pfeffer
- 1 EL Zitronensaft
- 1 EL Sonnenblumenöl

Zucchini grob raspeln, Melone in Stückchen schneiden oder mit dem Kugelausstecher Kugeln stechen. Mit den restlichen Zutaten vermengen.

Erdäpfel-Vogerlsalat | Zubereitungsdauer: 60 min

Zutaten (4 Portionen):

Erdäpfelsalat:

- 600 g Erdäpfel
- 1 TL Senf
- 2 EL Weißweinessig
- 3 EL Olivenöl
- 100 ml Rindsuppe
- Salz, weißer Pfeffer

Vogerlsalat:

- 400 g Vogerlsalat
- 1 Zwiebel, gehackt
- Pfeffer, Salz
- 1 TL Senf
- 2 EL Olivenöl
- 2 EL Weißweinessig
- 1 TL Honig

Erdäpfel dämpfen oder kochen, heiß schälen und in Scheiben schneiden. Noch warm marinieren. Für den Vogerlsalat den Salat gut waschen, mit gehackter Zwiebel mischen und mit der Salatsoße marinieren. Erdäpfelsalat draufsetzen.

tipp

Mit gebratenen Brotwürfeln und Gänseblümchen bestreut servieren.

Jause für zwischendurch & unterwegs

Knackige Gemüse- und Obststifte | Zubereitungsdauer: 15 min

Zutaten (4 Portionen):

- 800 g gemischtes Gemüse und Obst der Saison (siehe Saisonkalender)
- 1 Bio-Zitrone (Saft)

Gemüse und Obst putzen, in $1/2$ cm dicke Stifte schneiden und leicht mit Zitronensaft beträufeln. Dazu passt eine Topfen-Jogurt-Kräutersoße.

tipp

Gemüse- und Oststifte sind eine prima Jause für unterwegs. Gut eignen sich z.B. Karotten, Kohlrabi, Radieschen, Gurken, Zucchini, Chicoree, Paprika, säuerliche Äpfel …

Knusprige Kürbisecken | Zubereitungsdauer: 40 min

Zutaten (16 Stück):

- 200 g Kürbis
- 1 Karotte
- 80 g Käse (z.B. Gouda)
- 2 Eier
- 130 g Dinkelvollkornmehl
- 1 TL Weinsteinbackpulver
- $1/2$ TL Salz
- Paprikapulver

Kürbis und Karotte putzen, fein raspeln. Käse reiben. Eier trennen, Eiklar zu Schnee schlagen, Eidotter, Mehl, Backpulver, Salz, Paprikapulver, Gemüseraspeln und geriebenen Käse vorsichtig einheben. Die Masse in eine gefettete, mit Semmelbröseln ausgestreute Tortenform streichen. Im vorgeheizten Rohr bei 200 °C ca. 20 Minuten backen. Überkühlt zu Ecken schneiden.

variante: Kürbis durch Zucchini, Pastinake oder anderes Gemüse ersetzen.

tipp

Besonders gut als Proviant für unterwegs geeignet.

Pizzatoast | Zubereitungsdauer: 15 min

Zutaten (2 Stück):

- 2 Scheiben (Vollkorn-)Toastbrot
- 1 TL Butter
- 2 EL Gemüse der Saison, geraspelt (siehe Saisonkalender)
- 1 Tomate
- Salz, Pfeffer, Oregano
- 2 Scheiben Käse

Brot mit Butter bestreichen, Gemüseraspeln und Tomatenscheiben drauflegen. Mit Salz, Pfeffer und Oregano würzen. Zuletzt die Toasts mit der Käsescheibe belegen und im vorgeheizten Rohr bei 200 °C etwa 8 Minuten backen.

Variante: Für einen süßen Toast das Toastbrot mit Butter bestreichen, dann mit Birnenscheiben, mildem Käse und Sonnenblumenkernen belegen.

Gebackene Gemüsestifte | Zubereitungsdauer: 40 min

Zutaten (4 Portionen):

- 400 g Erdäpfel
- 600 g gemischtes Gemüse der Saison
- 2 EL Olivenöl
- Salz

Erdäpfel und Gemüse schälen und in 1/2 cm dicke Stifte schneiden. Zuerst die Erdäpfelstifte auf ein mit Backpapier ausgelegtes Backblech legen, mit Öl bepinseln. Im vorgeheizten Rohr bei 200 °C etwa 10 Minuten backen. Dann die Gemüsestifte dazulegen, ebenfalls bepinseln, alles gemeinsam ca. 15 Minuten fertig backen. Leicht salzen. Einfach so oder mit Jogurt-Kräuter-Soße servieren.

tipp

Besonders geeignet sind z.B. Karotte, Kohlrabi, Pastinake, Kürbis …

Maiskolben mit Butter | Zubereitungsdauer: 20 min

Zutaten (4 Portionen):

- 2 Maiskolben
- 1 EL Milch
- 1 TL Zucker
- 1 TL Butter

Einen weiten Topf Wasser (ca. 2 Liter) mit Zucker, Milch und Butter aufkochen, Maiskolben einlegen (sollen bedeckt sein) und ca. 15 Minuten kochen. Kurz abkühlen lassen und servieren.

Köstliche Desserts

Apfel-Topfen-Auflauf | Zubereitungsdauer: 60 min

Zutaten (für 4 bis 6 Personen):

- 500 g Äpfel
- 1 Bio-Zitrone (Saft)
- 4 Eier
- 2 EL Honig
- 250 g Magertopfen
- 100 g Trockenfrüchte (z. B. Rosinen, Marillen, getrocknete Birnen…)
- 100g Dinkelvollkorngrieß (oder weißer Grieß)
- 50g Nüsse
- Ingwer, Vanille, Salz

Äpfel grob raspeln und mit Zitronensaft beträufeln. Eier trennen, Eidotter mit Honig schaumig rühren, Topfen, klein geschnittene Trockenfrüchte, Grieß, Nüsse, Äpfel und die Gewürze einrühren, zuletzt Eischnee unterheben. In eine gebutterte Auflaufform füllen. Bei 180 °C ca. 40 Minuten backen.

Bratäpfel | Zubereitungsdauer: 30 min

Zutaten (4 Portionen):

- 4 kleine Äpfel
- 2 EL gehackte Nüsse
- 2 EL Rosinen
- 2 EL Topfen
- Zimt
- 1 Bio-Zitrone (Schale)

Äpfel waschen, mit einem Apfelausstecher das Kerngehäuse ausstechen. Nüsse, Rosinen, Topfen, Zimt und fein gehackte Zitronenschale verrühren und in die Äpfel einfüllen. Die Äpfel in eine feuerfeste, gefettete Auflaufform füllen, 2 cm hoch Wasser angießen, im vorgeheizten Rohr bei 200 °C ca. 20 Minuten backen.

variante: Äpfel durch halbierte Birnen, denen das Kerngehäuse mit einem Teelöffel oder einem Kugelausstecher ausgestochen wird, ersetzen.

tipp

Zu Bratäpfeln oder Bratbirnen passt Vanillecreme.

Vanillecreme | Zubereitungsdauer: 25 min

Zutaten (4 Portionen):

- 1/2 l Milch
- 1 TL Vanillezucker oder 1 Vanilleschote
- 3 EL Hirsemehl
- 1 EL Honig

Milch, Vanille und Mehl unter Rühren aufkochen und ca. 10 Minuten köcheln lassen. Überkühlen lassen, Honig einrühren.

Topfen-Früchte-Dessert | Zubereitungsdauer: 15 min

Zutaten (4 Portionen):

- 400 g Früchte der Saison (siehe Saisonkalender)
- 200 g Topfen
- 3 EL Milch
- evtl. 1 TL Honig

Früchte waschen, zerkleinern. Topfen und Milch mit dem Schneebesen aufschlagen. Früchte unterheben. Mit frischen Früchten verzieren. Nach Belieben mit Honig süßen.

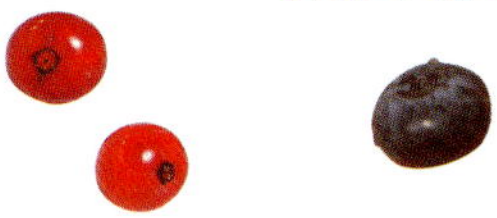

tipp

Zu Topfen schmecken besonders gut Beeren, Birnen, Zwetschken, Marillen, Trauben ...

Obstsalat | Zubereitungsdauer: 15 min

Zutaten (4 Portionen):

- 600 g gemischtes Obst der Saison (siehe Saisonkalender)
- 1 Bio-Zitrone (Saft)

Obst in mundgerechte Stücke schneiden, mit Zitronensaft beträufeln.

tipp

Kinder lieben klein geschnittenes Obst!

Beereneis | Zubereitungsdauer: 10 min

Zutaten (4 Portionen):

- 200 g tiefgekühlte Beeren (z.B. Heidelbeeren, Himbeeren oder Erdbeeren)
- 200 g Naturjogurt
- evtl. 1 EL Honig

Die gefrorenen Beeren gemeinsam mit dem Jogurt pürieren. Nach Geschmack mit Honig nachsüßen. Portionieren und sofort servieren. Nach Belieben mit frischen Früchten und Waffeln garnieren.

Grießmäuse im Fruchtmeer | Zubereitungsdauer: 30 min Kühlzeit: 2 Stunden

Zutaten (6 bis 8 Portionen):

- 1/2 l Milch
- 80 g (Dinkelvollkorn-)Grieß
- 3 EL Zucker oder Honig
- Vanillezucker oder Vanilleschote
- 3 Blatt Gelatine
- 200 ml Schlagobers
- Mandeln
- Rosinen
- Apfel- oder Orangenschalenstreifen als Barthaare

Milch aufkochen, Zucker, Vanille und Grieß einrühren, ca. 4 Minuten köcheln lassen, dabei Umrühren nicht vergessen. Gelatine in kaltem Wasser einweichen, ausdrücken, in der Grießmasse auflösen. In die überkühlte Grießmasse geschlagener Obers einheben – in einer Schüssel mind. 2 Stunden fest werden lassen. Mit 2 großen Löffeln Nockerln (Mäuse) ausstechen. Mit Mandeln als Ohren, Rosinen als Augen und Apfelschalenstreifen als Barthaare und Schwänzchen verzieren. Mit Fruchtsoße servieren.

tipp

Die Gelatine kann auch ganz weggelassen oder es kann stattdessen Agar-Agar verwendet werden.

Fruchtsoße | Zubereitungsdauer: 30 min

Zutaten (4 Portionen):

300 g	Obst der Saison
	Zucker oder Honig nach Geschmack
80 ml	Wasser

Zwei Drittel der Früchte waschen, entkernen, in kleine Stücke schneiden, zuckern oder mit Honig mischen und mind. 15 Minuten ziehen lassen. Dann das Wasser dazugeben und breiig einkochen, pürieren. Die restlichen Früchte in kleine Stücke schneiden, unter das heiße Fruchtmus rühren, gemeinsam auskühlen lassen.

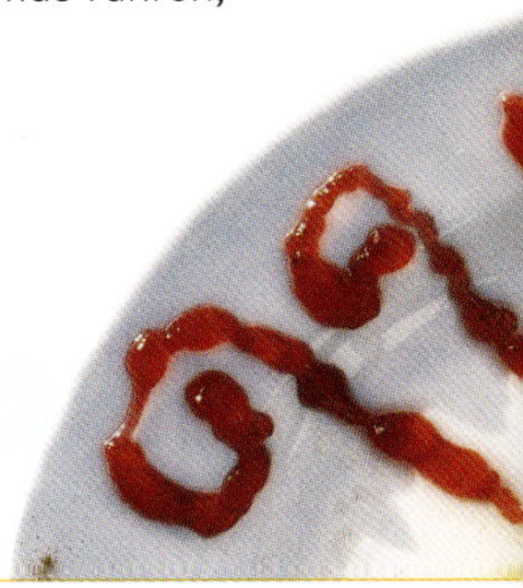

tipp

Fruchtmus auf Vorrat zubereiten und portionsweise einfrieren.
Für Mus eignen sich besonders z.B. Marillen, Zwetschken, Erdbeeren, Himbeeren, Heidelbeeren, Brombeeren, Birnen, Pfirsiche …

Früchtekompott | Zubereitungsdauer: 15 min

Zutaten (4 Portionen):

800 g	Obst der Saison (siehe Saisonkalender)
1	kleine Zimtstange
4	Nelken
evtl. 1	Sternanis
evtl. 2 EL	Zucker oder Honig (je nach Fruchtsüße)
300 ml	Wasser
$1/2$	Bio-Zitrone (Saft)

Obst vorbereiten (putzen, entkernen, halbieren oder in kleine Stücke schneiden). Wasser mit Früchten und Gewürzen 5 bis 10 Minuten köcheln lassen.

tipp

Für einen süßen Vorrat füllen Sie das Kompott heiß in saubere Schraubdeckelgläser. Im Kühlschrank lagern.
Für Kompott sind besonders geeignet z.B. Zwetschken, Quitten, Äpfel, Birnen, Kirschen, Hollunder, Marillen …

gesunde getränke

für babys & kleinkinder

tipp

Wenn kein Entsafter zur Hand ist, kernlose bzw. entkernte Obstsorten einfach im Mixer oder mit dem Pürierstab unter Zugabe von Flüssigkeit zu einem »Cocktail« mixen.

Mit der Einführung von Beikost braucht das Baby zusätzlich zur Milch etwas zu trinken. Die Menge variiert. Anfangs werden es bis zu 200 ml sein, mit einem Jahr rund 750 ml. Sie brauchen die getrunkene Menge nicht abzumessen. wichtig: Bieten Sie Ihrem Kind immer wieder etwas an, je nach Durst wird es mehr oder weniger trinken.

Geeignete Getränke sind ungezuckerte Tees, Wasser und stark verdünnte Säfte. Achten Sie aufs Etikett: Zucker schleicht sich in viele »Kindertees«, vor allem in Instanttees ein. Besser selbst Tee aufbrühen und – aus Geschmacksgründen – nicht zu lange ziehen lassen. Tees, die Kinder mögen, sind Hagebutte, Apfelschalentee, Minze, Melisse, Kamille, Hibiskus, Malve, Fenchel, Anis.

Verabreicht werden die Getränke im Fläschchen, ab dem 6. bis 8. Monat im Trink-Lern-Becher oder Schluck für Schluck vom Löffel oder aus einer Tasse. Mit einem Jahr können manche Kinder ihren »Schnabelbecher« schon selbst halten.

Lassen Sie Ihr Baby nicht »an der Flasche hängen«! Dauernuckeln zerstört den Zahnschmelz!

Geben Sie Ihrem Kind keine gezuckerten oder honiggesüßten Getränke.

Zuckerzusatz kann sich in der Zutatenliste auch hinter Bezeichnungen wie Maltodextrin, Maltose, Fructose, Glucose, Glucosesirup oder Saccharose verstecken!

Trinkfertige Säfte oder Säfte selbst herstellen?

tipp

Erhitzten Saft vertragen junge Babys besser als roh gepressten. Daher bis zum 10. Monat nur pasteurisierte bzw. kurz erhitzte Säfte geben. Danach sind frisch gepresste Säfte die erste Wahl.

Trinkfertige Säfte

Zum Kauf angebotene Säfte haben sehr unterschiedliche Qualitäten. Obstsäfte werden heute überwiegend aus Fruchtsaftkonzentrat hergestellt. Dafür wird dem Saft zuerst Wasser durch Eindampfen und Ausfrieren entzogen. So lässt sich der Saft besser und billiger lagern und transportieren. Kurz vor dem Abfüllen werden die Konzentrate mit Wasser rückverdünnt. Bei diesem Prozess kommt es zu Qualitätseinbußen.

Kaufen Sie für Ihr Kind

- nur 100% reine Säfte aus Direktpressung,
- Säfte ohne Zucker-, Süßstoff- oder auch Salzzusatz,
- am besten Säfte aus biologischer Landwirtschaft.

Verdünnen Sie die Säfte (1 Teil Saft, 2 Teile Wasser). Nur so sind sie als Durstlöscher geeignet.

Säfte selbst herstellen

Selbst zubereitete Säfte schmecken besonders gut und sind hoch konzentrierte Vitamin- und Mineralstofflieferanten. Voraussetzung ist, dass einwandfreies, frisches, gut ausgereiftes Obst und Gemüse aus biologischem Anbau verwendet wird.

Als Durstlöscher taugen sie nicht. Zusätzlich braucht Ihr Kind auf jeden Fall Wasser oder Tee!

Je nach Jahreszeit können Sie für Ihr Kind Pur- oder Mixsäfte zubereiten aus:
Winter: Karotte, Sellerie, Rote Rübe, Apfel, Birne …
Frühling: Kirsche, Karotte, Sellerie, Rote Rübe, Apfel …
Sommer: Marille, Pfirsich, Himbeere, Stachelbeere, Johannisbeere/Ribisel, Apfel, Karotte, Tomate …
Herbst: Apfel, Birne, Quitte, Zwetschke, Heidelbeere, Preiselbeere, Himbeere, Brombeere, Traube, Sanddorn, Karotte, Sellerie, Fenchel, Rote Rübe …

Säfte, die schmecken

Rezepte & Zubereitung

Karottensaft

Zutaten:

- 2 Karotten
- 50 ml Wasser
- 1/2 TL Sonnenblumenöl

Karotte putzen, evtl. schälen, grob schneiden, entsaften, mit Wasser verdünnen. Öl einrühren.

tipp

Saftreste selbst genießen!

Karotten-Apfel-Saft

Zutaten:

- 1 Karotte
- 1 Apfel
- 50 ml Wasser
- 1/2 TL Sonnenblumen- oder Nussöl

Karotte putzen, evtl. schälen, grob schneiden, Apfel waschen, vierteln, Kerngehäuse ausschneiden. Karotte und Apfel entsaften, Wasser und Öl einrühren.

Karotten-Fenchel-Saft

Zutaten:

- 1 Karotte
- 1/4 Fenchelknolle
- 50 ml Wasser
- 2 Tropfen Sonnenblumenöl

Karotte putzen, evtl. schälen, grob schneiden, Fenchel waschen, Fenchelgrün entfernen, Fenchel ebenfalls in Stücke schneiden. Gemüse entsaften, Öl einrühren.

tipp

Frisch gepresste Säfte müssen rasch verwendet werden, denn viele Säfte oxidieren an der Luft und werden braun.

Apfel-Sellerie-Saft

Zutaten:

- 1/2 Sellerieknolle
- 1 Apfel
- 50 ml Wasser

Sellerie schälen, grob schneiden, Apfel waschen, vierteln, Kerngehäuse ausschneiden. Sellerie und Apfel entsaften, Wasser einrühren.

Apfel- oder Birnensaft

Zutaten:

- 2 Äpfel oder Birnen
- 50 ml Wasser
- 1 TL Zitronensaft, frisch gepresst

Obst waschen, vierteln, Kerngehäuse ausschneiden und entsaften. Mit Wasser verdünnen. Wenn der Saft nicht sofort verwendet wird, mit Zitronensaft mischen, um das Braunwerden zu verhindern.

Roter Fruchtsaft

Zutaten:

- 100 g rote Beeren (je nach Angebot)
- 1 Apfel
- 50 ml Wasser

Die Beeren waschen und putzen. Apfel vierteln, das Kerngehäuse ausschneiden. Die Früchte entsaften, mit Wasser verdünnen.

Marillensaft

Zutaten:

- 4 Marillen
- 50 ml Wasser

tipp

Mit Strohhalm schmeckt der Saft noch einmal so gut!

Die Marillen häuten. Dazu werden die Früchte 1 bis 2 Minuten in kochendes Wasser gegeben. So lässt sich die Haut gut abziehen. Entkernen und entsaften. Mit Wasser verdünnen.

wohl bekomms!?

Fragen & Antworten

Was essen und trinken bei Blähungen?

blähungen! Das Baby schreit und streckt verkrampft die Beinchen durch. Wenn Babys Koliken haben, leiden die Eltern mit. Meist beginnen die Bauchschmerzen direkt nach dem Essen oder am späten Nachmittag – und dann kann es Stunden dauern! In durchwachten Nächten wird Mamas Speiseplan vom Vortag durchgekaut: Was war der Auslöser? Zwiebeln, Kohlgemüse, Hülsenfrüchte, frischer Germteig und vieles mehr stehen im Ruf, den kindlichen Verdauungstrakt zu reizen. Wahr ist, dass alle Babys anders auf Mamas Kost reagieren. Sie werden es einfach ausprobieren müssen.

ein trost: Mit 3 Monaten ist der kindliche Verdauungstrakt so weit entwickelt, dass die Blähungen meist von einem Tag auf den anderen verschwinden.

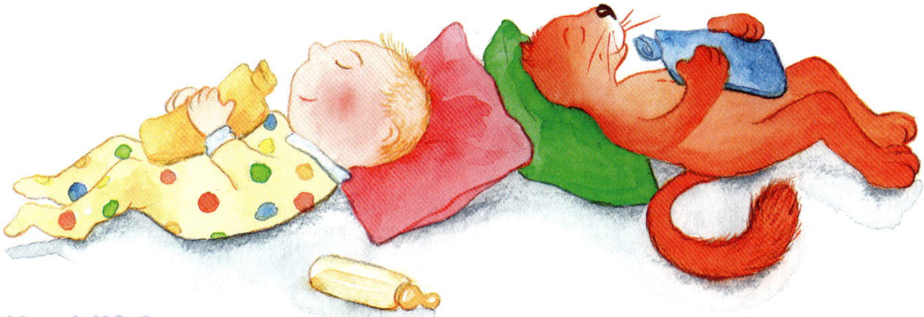

Was hilft?

- Entspannte Mahlzeiten – bei Hektik wird mehr Luft verschluckt.
- Beim Fläschchen auf die Saugergröße achten. Je größer das Loch, desto mehr Luft schlucken die Babys mit.
- Nach den Mahlzeiten darauf achten, dass das Baby sein »Bäuerchen« macht.
- Massagen – im Uhrzeigersinn sanft den Bauch massieren – unterstützen den Darm dabei, die Luft nach unten zu befördern.
- Manchmal hilft es, eine nicht zu heiße Wärmflasche oder ein erwärmtes Kirschkernkissen ins Bettchen zu legen.
- Auch Fenchel-Kümmel-Tee kann den Magen-Darm-Bereich beruhigen.
- Viele Babys finden Erleichterung, wenn sie bäuchlings im »Fliegergriff« auf dem Unterarm herumgetragen werden.
- Wenn die Blähungen sehr stark und andauernd sind, die Kinderärztin oder den Kinderarzt zu Rate ziehen.

Die genauen Ursachen für die »Dreimonatskoliken« sind noch nicht geklärt. Als mögliche Gründe gelten das Verschlucken von Luft durch zu hastiges Trinken und die bei Säuglingen noch unvollständige Entwicklung der Darmtätigkeit. In seltenen Fällen können auch eine Nahrungsmittelunverträglichkeit oder psychische Belastungen die Auslöser sein.

Was essen und trinken bei Durchfall?

- Wenn Sie stillen, ist dünner Stuhl ganz normal und kein Grund zur Sorge.
- Bei »Flaschenkindern« ist höhere Vorsicht geboten, denn ein Durchfall kann schnell zu gefährlichem Flüssigkeitsverlust führen.
- Geben Sie Ihrem Kind bei starkem Durchfall – egal ob Sie nun stillen oder mit Fläschchen füttern – ein bis zwei Tage keine Milch. Bieten Sie dem Baby statt dessen Wasser, leichte Tees (z. B. Heidelbeertee oder sehr dünnen schwarzen Tee) oder leicht gesalzenes Reiskochwasser an. wichtig: Auf ausreichende Flüssigkeitszufuhr achten!
- Wenn das Kind schon im Beikostalter ist, am zweiten Tag einen dünnflüssigen Karotten-Reis-Brei füttern. Älteren Kindern Karottensuppe mit Haferschleim zubereiten.
- Als Obstmahlzeit einen roh geriebenen Apfel anbieten.
- Möglicherweise isst Ihr Kind jetzt weniger – zwingen Sie es nicht zum Essen.
- Bei sehr starkem Durchfall die Kinderärztin bzw. den Kinderarzt kontaktieren.

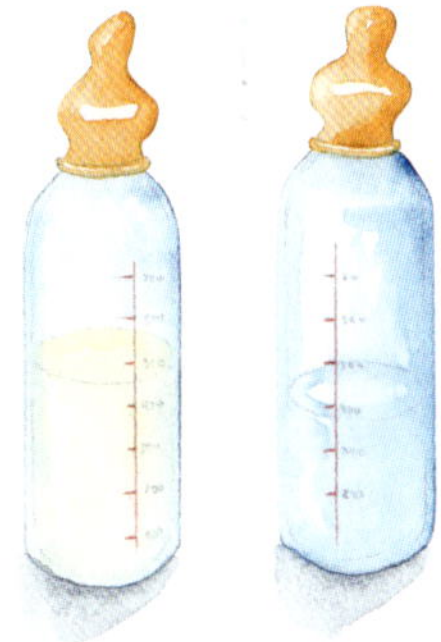

Was essen und trinken bei Verstopfung?

- Bei gestillten Kindern ist es nicht ungewöhnlich, wenn der Stuhl mehrere Tage ausbleibt.
- Bei »Flaschenkindern« könnte Verstopfung auf eine Überdosierung des »Milchpulvers« hindeuten. Bereiten Sie die Nahrung genau nach der Anleitung auf der Packung zu.
- Achten Sie darauf, dass Ihr Baby ausreichend trinkt. Geben Sie ihm Wasser und Tee zu trinken.
- Verdauungsfördernd wirken auch Apfelmus oder Haferflocken/Haferschleim.
- Wenn der Stuhl auch nach diesen Maßnahmen über längere Zeit noch sehr hart bleibt, besprechen Sie dies mit Kinderärztin oder Kinderarzt.

Was essen und trinken bei Fieber?

- Wenn Kinder krank sind und Fieber haben, verschwindet der Appetit.
- Machen Sie sich keine Sorgen, wenn das Baby ein, zwei Tage wenig zu sich nimmt. Zu viel Nahrung würde jetzt den Organismus nur zusätzlich belasten.
- Da Ihr Kind bei Fieber schwitzt, ist es besonders wichtig, dass es genug trinkt. Bieten Sie dem kleinen Patienten bzw. der kleinen Patientin immer wieder Tee an.
- Klären Sie mit der Kinderärztin oder dem Kinderarzt den Grund des Fiebers ab.

Kann ich bei meinem Kind Karies vorbeugen?

Bei den meisten Babys kommen im Alter von 6 bis 7 Monaten die ersten Milchzähne durch. Oft kommen sie völlig unbemerkt und werden eines schönen Tages entdeckt. Manchmal werden sie jedoch von Tränen, einem roten Popo, Erbrechen und vielleicht sogar von Fieber angekündigt. Gesunde Milchzähne sind wichtig für die allgemeine Entwicklung des Kindes und die Erhaltung von gesunden bleibenden Zähnen in späteren Jahren.

Leider haben die unter Narkose durchgeführten Zahnsanierungen wegen extremer Karies bei Kleinkindern alarmierend zugenommen. Um Ihrem Kind diesen schmerzhaften Eingriff zu ersparen, sollten Sie früh mit der Kariesvorbeugung beginnen.

Tipps zum Vorbeugen von Karies

- Achten Sie auf Ihre eigene Mundhygiene – zum Schutz Ihrer eigenen Zähne und auch zum Schutz derjenigen des Kindes: Denn 80% der Kariesbakterien, die sich bei Kindern ansiedeln, stammen von der Mutter. Bei Liebkosungen und Küssen werden sie übertragen. Je besser die Eltern ihre Zähne pflegen, desto weniger Bakterien werden sie weitergeben.
- Beginnen Sie mit der Zahnpflege, sobald das erste Zähnchen im Mund Ihres Kindes erscheint. Anfangs nach den Mahlzeiten, zumindest aber am Abend, den Belag vorsichtig mit einem in Wasser getauchten Wattestäbchen abstreifen. Bald können Sie eine erste weiche Kinderzahnbürste verwenden. Gewöhnen Sie Ihr Kind daran, dass mindestens zwei Mal täglich die Zähne geputzt werden.
- Die größte Gefahr für die Zähne ist das »Dauernuckeln«. Das ständige Umspülen der Zähne mit Saft, Tee oder auch Milch kann den Zahnschmelz schädigen. Geben Sie Ihrem Kind das Fläschchen nicht als Schnullerersatz. Das Fläschchen ist nur zum Trinken da!
- Gewöhnen Sie Ihr Kind nicht an gezuckerte oder mit Honig versetzte Getränke, schon gar nicht an Limonaden. Als Betthupferl ist auch der süße Fruchtsaft ungeeignet. Besser sind ungezuckerter Tee oder einfach Wasser.
- Der früher übliche in Honig oder Zucker getauchte Schnuller ist ebenfalls Gift für die Zähne.
- Zögern Sie das Kennenlernen von Süßigkeiten so lange wie möglich hinaus: Im ersten Lebensjahr braucht Ihr Kind weder Bonbons, Eis, Biskotten, Schnitten, Schlecker noch Schokos. Auch Süßstoff ist für die Kleinsten absolut ungeeignet!
- Nehmen Sie Ihr Baby zu Ihrer nächsten Kontrolluntersuchung bei der Zahnärztin oder dem Zahnarzt mit!

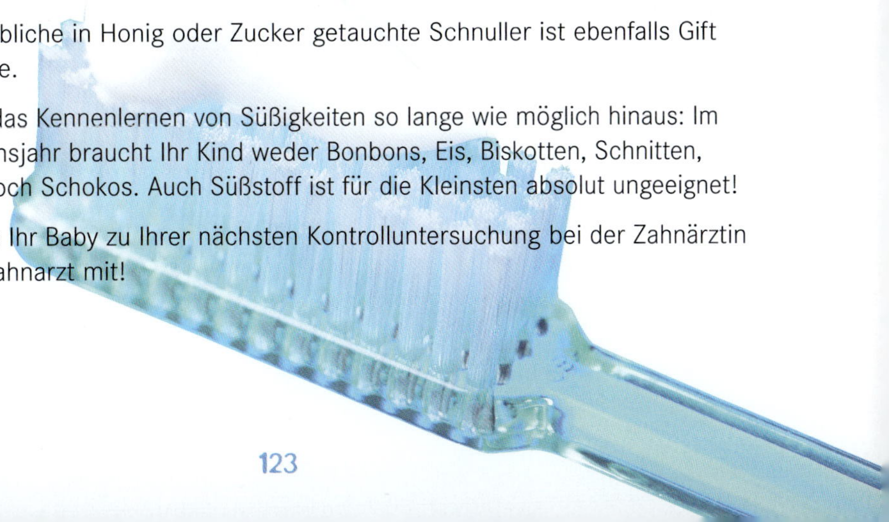

Was essen und trinken, wenn der Popo rot ist?

Es gibt vielerlei Ursachen für Hautreizungen. Meist liegt das Baby zu lange in seinen durchnässten Windeln. Urin und Stuhl enthalten Stoffe, die die Haut reizen. Ein wunder Babypo kann auch Waschmittelrückstände, die Inhaltsstoffe eines Pflegeprodukts, das Parfüm der Wegwerfwindeln, die sich ankündigenden Zähnchen ... oder die Ernährung als Ursache haben.

- Wenn der Babypo wund ist: Wechseln Sie die Windeln häufiger, lassen Sie Ihr Kind ein paar Mal am Tag für etwa eine Stunde an der Luft strampeln oder trocknen Sie den Windelbereich vor dem Anlegen der neuen Windel mit einem Haarfön gut ab (bei Buben darf der Urinstrahl nicht zum Fön gelangen). Säubern Sie den Popo besonders gründlich und pflegen Sie die Haut mit einer heilenden Salbe.
- Wird das Baby ausschließlich gestillt, können Bestandteile aus Mamas Kost – z. B. sehr säurehaltiges Obst, saure Obstsäfte, würziges Gulasch etc. – für die Hautreizung verantwortlich sein. Essen Sie ein paar Tage nur reizarme, milde Kost.
- Isst das Kind schon Beikost, überlegen Sie, ob ein neu eingeführtes Gericht die Reizung ausgelöst haben könnte. Geben Sie Ihrem Kind bis zur Abheilung vorsichtshalber nur säurearme Säfte und Speisen.

GLOSSAR

auswalken	–	Teig ausrollen
Eidotter	–	Eigelb
Eiklar	–	Eiweiß
Erdapfel	–	Kartoffel
Faschiertes	–	Hackfleisch
Fisole	–	grüne Bohne
Germ	–	Hefe
Karfiol	–	Blumenkohl
Karotte	–	Möhre, gelbe Rübe Mohrrübe,
Lauch	–	Porree
Marille	–	Aprikose
Nockerln	–	Spätzle
Nockerlschlitten	–	Spätzlehobel, Gerät zum Einkochen von Spätzle
Palatschinke	–	Pfannkuchen
Polenta	–	Maisgrieß
Ribisel	–	Johannisbeere
Rosinen	–	getrocknete Weinbeeren
Sauerrahm	–	saure Sahne
Schlagobers	–	Schlagsahne, süße Sahne
Schneebesen	–	Schneerute
Strohhalm	–	Trinkhalm
Topfen	–	Quark
Vogerlsalat	–	Feldsalat

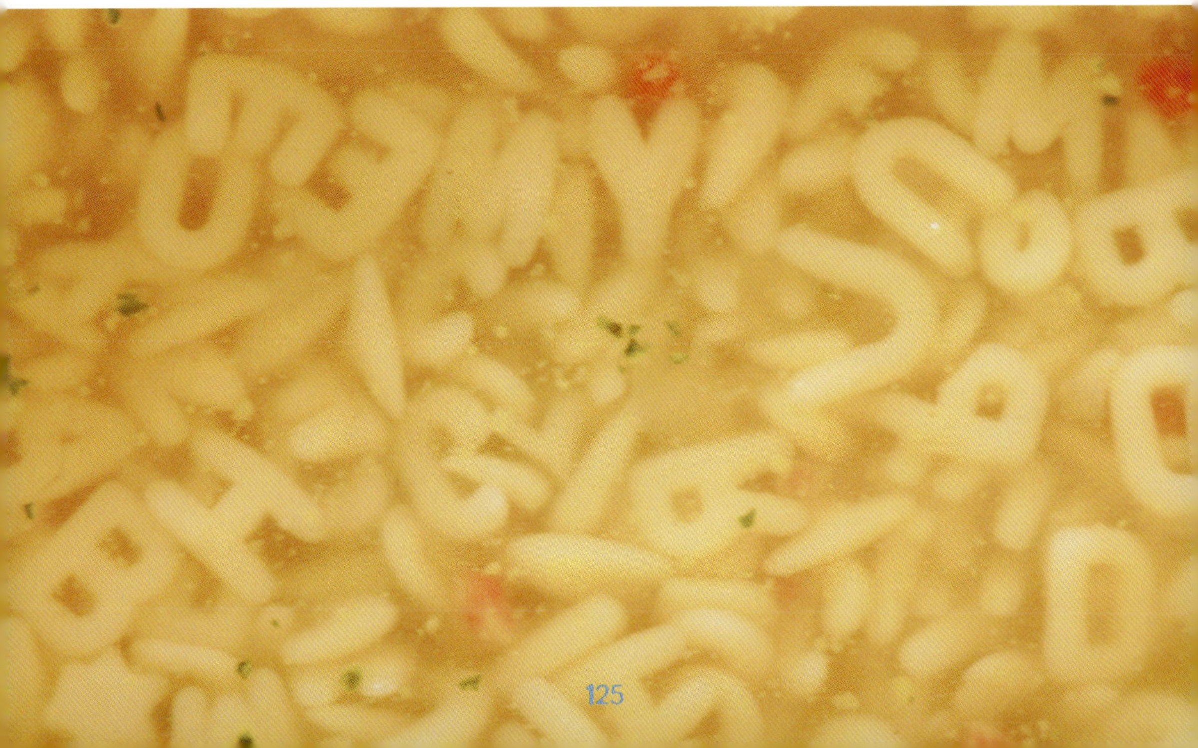

Rezeptregister

Die Empfehlungen, Rezepte und Tipps in diesem Buch wurden von der Autorin sorgfältig geprüft, dennoch kann keine Garantie übernommen werden. Im Zweifelsfall wenden Sie sich bitte an Ihre Ärztin bzw. Ihren Arzt oder an eine/n Ernährungswissenschaftler/in oder eine/n Diätassistenten/in.

Portionsangaben

Die Rezepte ergeben – wenn nicht anders angegeben – eine Portion für Ihr Baby. Anfangs isst Ihr Baby noch keine ganze Portion und auch später noch wird wahrscheinlich so manches am Boden landen. Daher sind die Portionsgrößen nur »Richtwerte«.

Abkürzungen

EL = Esslöffel – 1 EL entspricht 10 g oder 10 ml
TL = Teelöffel – 1 TL entspricht 5 g oder 5 ml
g = Gramm
ml = Milliliter
min = Minuten

STICHWORT-VERZEICHNIS

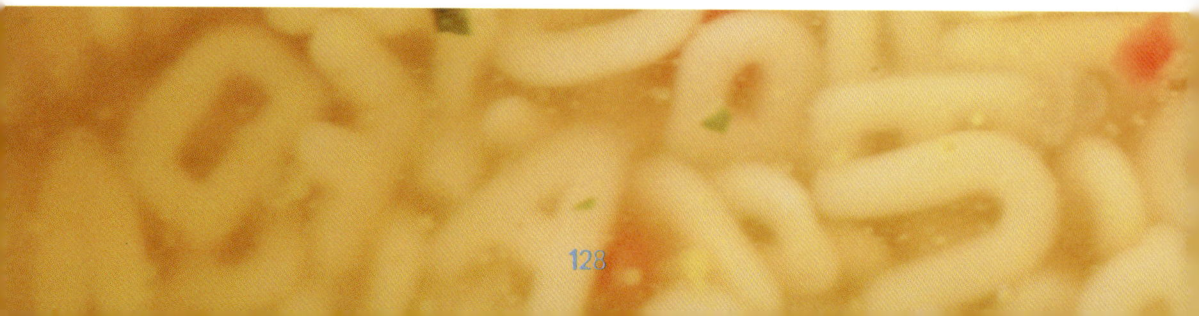

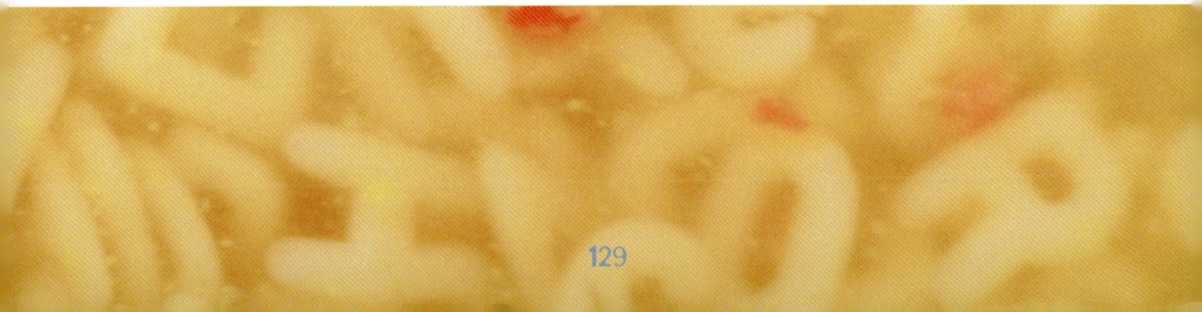

Nützliche Adressen & Internetseiten

Mütterstudios

Mütterstudio Tulln
Hebamme Anna Maria Koch
3430 Tulln, Karl Metzgasse 22
Tel: +43/2272/635 21

Mütterstudio Klosterneuburg
Hebamme Anna Maria Koch
3400 Klosterneuburg, Kreutzerg. 12-14
Tel: +43/2243/470-350,
+43/676/755 36 92
Mail: hebamme.koch@gmx.at

Mütterstudio Hollabrunn
Hebamme Andrea Bischof
2020 Hollabrunn, Färbergasse 2/5
Tel: +43/2952/20 720
Mail: heb.andrea.bischof@aon.at

Mütterstudio Pulkau
Hebamme Andrea Bischof
3741 Pulkau, Ambros Geist Siedlung – Rot Kreuz Haus
Tel.: +43/664/554 1799

Mütterstudio Mistelbach
Hebamme Eva Vyoral-Prock
2130 Mistelbach, Josef Dunkl-Str. 1, 1. Obergeschoß, Tür 9
Tel: +43/676/ 36 77 836
Mail: evavyoral@hotmail.com

Mütterstudio Bad Fischau
Hebamme Ilona Schwägerl
2721 Bad Fischau/NÖSüd, Institutsg. 11
Tel: +43/2639/74 43,
+43/676/50 61 998

Mütterstudio Wienerwald
Hebamme Dr. Heide Dieregger
3013 Tullnerbach, Hans Knittelstr. 27
Tel: +43/2233/56 600,
+43/699/10 50 90 09
Mail: hebamme@dieregger.at

Mütterstudio Matzen
Hebamme Josefine Hahn
2243 Matzen, Warthbergg. 21
Tel: +43/2289/20 81,
+43/664/100 47 57

Mütterstudio Haiburg/D
Hebamme Josefine Hahn
2410 Hainburg/D. Hofmeisterstr. 70
(Landesklinikum Thermenregion)
Tel.: +43/664/100 47 57

Mütterstudio St. Pölten
Hebamme Eva Maria Kirkovics
3108 St. Pölten Wagram, Unterwagramerstr. 18
Tel.: +43/676/326 47 44
Mail: muetterstudio.stp@gmx.at

Mütterstudio Herzogenburg
Hebamme Eva Maria Kirkovics
3130 Herzogenburg, Auf der Scheibe 41
Tel: +43/676/326 47 44

Mütterstudio Waidhofen/Ybbs
Hebamme Beatrix Cmolik
3340 Waidhofen/Ybbs, Unterzellerstr. 19
Tel: +43/7442/52 350-18,
+43/664/283 93 17
Mail: heb.beatrix.cmolik@aon.at

Mütterstudio Groß Siegharts
Hebamme Marlies Lang
3812 Gr. Siegharts, Waidhofner Str. 4
Tel.: +43/664/308 63 06

Mütterstudio St,. Valentin-NÖ West
Hebamme Monika Oberradter
4300 St. Valentin, Herzograd 15
Tel: +43/7435/58 640,
+43/664/433 38 49
Mail: muetterstudio.noe-west@aon.at

Stillen

Verband der diplomierten Still- und Laktationsberaterinnen Österreichs
Lindenstr. 20, A-2362 Biedermannsdorf
Tel.: +43/2236/72336
E-Mail: info@stillen.at, www.stillen.at

La Leche Liga Österreichs
Perneckerstr. 6, A-4820 Bad Ischl
Tel.: +43/6132/27919
E-Mail: chrirei@aon.at
www.lalecheliga.at, www.lalecheliga.de, www.lalecheliga.ch
Informationen, Ermutigung und persönliche Unterstützung für Frauen, die stillen möchten

Weitere Internetseiten:
www.stillgruppen.at
www.stillgruppen.de – *Informationen und Kontakt zu Stillgruppen in Ihrer Nähe*
www.wir.hebammen.at – *Information, großes Kursangebot*
www.muetterberatung.ch – *Schweizerischer Verband der Mütterberaterinnen*

Information und Beratung zur Ernährung von Baby und Mutter

Informationskreis Kind und Ernährung
Esterhazygasse 7/2, A-1060 Wien
Tel.: +43/1/5042829-3
E-Mail: office@informationskreis.org
www.informationskreis.org
Wissenschaftlich fundierte Information, kostenlose Telefonhotline für Mitglieder

Gesünder leben-Hotline
im Rahmen der Initiative „Gesundes Niederösterreich"
Tel.: +43/2742/22655
E-Mail: info@gesundesnoe.at
www.gesundesnoe.at
Infoportal und kostenlose Beratung bei der Gesünder leben-Hotline für alle Fragen rund um Ernährung, Lebensmittelauswahl

Weitere Internetseiten:
www.fke-do.de – *Forschungsinstitut für Kinderernährung, telefonische Elternberatung*
www.kinderkost.com – *Verlag I. Hanreich, Autorin zahlreicher praktischer Handbücher zu den Themen »Säuglings- und Kinderernährung«*
www.babyratgeber.at – *Infoportal des Amtes für Jugend und Familie der Stadt Wien zu allen Fragen im Zusammenhang mit Babys*
www.veoe.at – *Verband der Ernährungswissenschaftlerlnnen Österreichs*
www.vdoe.de – *Verband der Diplom-Oekotrophologlnnen*

BeraterInnenliste

www.ernaehrung.or.at – *Verband der Dipl.-DiätassistentInnen und ernährungsmedizinischen BeraterInnen Österreichs*
www.vdd.de – *Verband der DiätassistentInnen Deutscher Berufsverband*

bio-einkaufsmöglichkeiten und bio-information

Bio Austria

Theresianumgasse 11, A-1040 Wien
Servicetelefon zum Ortstarif aus Österreich: 0810/221314
E-Mail: service@bioinformation.at
www.bioinformation.at
Mit Suchfunktion für Bio-Bezugsquellen in Ihrer Nähe, auch Gemüseabokisten und Bio-Zustelldienste

AllesBio

Heisinger Straße 1b, D-93092 Sarching
Tel.: +49/9403/961394
E-Mail: info@allesbio.de
www.alles-bio.de
Übersicht über direkt vermarktende Bio-Betriebe in Deutschland

Weitere Internetseiten:

www.bionetz.ch – *Plattform für schweizerische Bio-AnbieterInnen*
www.selbsternte.at – *Information zu Selbsternte-Feldern/Ökoparzellen*

allergien & medizin

www.aak.de – *Arbeitsgemeinschaft Allergiekrankes Kind*
www.neurodermitis.or.at – *Österreichische Neurodermitikervereinigung Tipps, Selbsthilfegruppen, Hotline*
www.neurodermitisforum.at – *Information und Erfahrungsaustausch mit Betroffenen*
www.dnb-ev.de – *Deutscher Neurodermitis Bund*
www.dermis.net – *Informationssystem Neurodermitis der Universitätsklinik Heidelberg*
www.docs4you.at – *Österr. Gesellschaft für Kinder- und Jugendheilkunde*
www.kinderaerzte-im-netz.de – *Berufsverband d. Kinder- & Jugendärzte Deutschlands*
www.dgkj.de – *Deutsche Gesellschaft für Kinderheilkunde und Jugendmedizin*
www.gesundesleben.at – *Fond Gesundes Österreich, bietet auch Information zur Gesundheit der Schwangeren & des Kindes*
go.to/zoeliakie – *Österreichische Arbeitsgemeinschaft Zöliakie*
www.dzg-online.de – *Deutsche Zöliakie Gesellschaft*

babytaugliches wasser

www.umweltberatung.at – *vielfältige Umweltinformation, unter »Themen« finden Sie die Rubrik »Wasser«, wo Sie Merkblätter zur Trinkwasserqualität herunterladen können.*
www.bmgf.gv.at – *Liste der autorisierten Trinkwasser-Untersuchungsanstalten in ganz Österreich. Geben Sie den Suchbegriff »Trinkwasseruntersuchung« ein.*
www.forum-mineralwasser.at – *Forum natürlicher Mineralwässer aus Österreich, hier finden Sie babytaugliche Mineralwässer.*
www.mineralwasser.com – *Verband Deutscher Mineralbrunnen, hier finden Sie babytaugliche Mineralwässer.*
www.swiss-paediatrics.org – *hier finden Sie eine Auflistung der babytauglichen Mineralwässer aus der Schweiz.*

Literaturtipps

Arbeitsgemeinschaft
Allergiekrankes Kind (AAK):
ABC der Ernährung.
Information für Eltern allergisch veranlagter Kinder

Arbeitsgemeinschaft
Allergiekrankes Kind (AAK):
Rezeptsammlung für
milch- und eifreie Ernährung.
Beide Publikationen des AAK sind erhältlich unter: Arbeitsgemeinschaft Allergiekrankes Kind, Nassaustr. 32, D-35745 Herborn, www.aak.de

Arndt Monika (2004):
Das Baby-Kochbuch.
dtv, 11. Auflage.
ISBN: 3-423-36187-5

Godridge Tracy (2004):
Gesunde Ernährung für Ihr Baby.
Dorling Kindersley.
ISBN: 3-8310-0649-0

Hanreich Ingeborg, Macho Britta
(2002): Rezepte und Tipps
für Babys Beikost.
Verlag I. Hanreich, 3. Auflage.
ISBN: 3-901518-02-9
Beide Bücher von Ingeborg Hanreich sind im Buchhandel erhältlich oder unter www.kinderkost.com

Hanreich Ingeborg (2004):
Essen und Trinken im Säuglingsalter.
Verlag I. Hanreich, 4. Auflage.
ISBN: 3-901518-00-2

Stadelmann Ingeborg (2001):
Die Hebammensprechstunde.
Eigenverlag, 12. Auflage.
ISBN: 3-9803760-0-1
Erhältlich im Buchhandel oder unter www.stadelmann-verlag.de

Gesundes Niederösterreich – Alles unter einem Dach

Das Land Niederösterreich engagiert sich seit Jahren im Bereich der Gesundheitsförderung und -prävention. Mit Aktionen wie „tut gut“, „sorg vor“ und dem „Gesundheitsforum NÖ“ wurden in der Vergangenheit Angebote geschaffen, die viele NiederösterreicherInnen und Niederösterreicher in ein gesünderes und aktiveres Leben begleitet haben.

„Damit sie sich auch in Zukunft auf die hohe Qualität unserer Angebote verlassen und sich auf neue, innovative Ideen freuen können, haben wir nun die gesamte niederösterreichische Gesundheitsvorsorge unter einem gemeinsamen Dach vereint – der Initiative „Gesundes Niederösterreich“. Mit einer Vielzahl an Angeboten in mehreren Lebensbereichen möchten wir Sie zur Eigeninitiative motivieren und Ihnen Gesundheitsvorsorge schmackhaft machen. Eine Plattform mit der wir zeigen: Gesundheit hat in Niederösterreich höchsten Stellenwert!“, erklärt Landeshauptmann-Stellvertreter Mag. Wolfgang Sobotka.

Für alle Fragen rund um „Gesundes Niederösterreich“ steht Ihnen auch weiterhin unsere bewährte „Gesünder leben“-Hotline unter 02742/226 55 zur Verfügung. Selbstverständlich können Sie hier auch nach wie vor unsere Broschüren und Produkte bestellen.

Die von Landeshauptmann Dr. Erwin Pröll unterstützte Initiative ist mit vielen Informationen und Tipps zum Thema Gesundheit überdies rund um die Uhr im Internet unter www.gesundesnoe.at zu erreichen.

"die umweltberatung" Niederösterreich

»Vom Wissen zum Handeln!« – unter diesem Motto ist "die umweltberatung" im vorsorgenden Umweltschutz aktiv. Denn vom theoretischen Wissen über ökologische Zusammenhänge hin zum praktischen Handeln im Alltag ist es oft noch ein weiter Weg.

Auf diesem Weg bietet "die umweltberatung" ihre Hilfe an:

- persönliche oder telefonische Beratung
- Vorträge und Seminare
- Schulstunden und Workshops in Kindergärten und Schulen
- Broschüren und Informationsmaterialien
- Textvorlagen für Gemeindezeitungen
- Bibliothek

Unsere Themen:

- Bauen – Wohnen – Energie
- Chemie im Haushalt
- Ernährungsökologie
- Garten & Boden
- Klimaschutz & Gemeinde
- Mobilität
- Umweltbildung
- Wasser

Rufen Sie uns an – wir freuen uns auf Ihren Anruf!

„Gesünder leben"-Hotline: 02742/22655
(Montag, Dienstag, Donnerstag und Freitag von 8.00 bis 15.00 Uhr, Mittwoch von 9.00 bis 17.00 Uhr)
Fax: 02742/22655-33
E-Mail: info@gesundesnoe.at
www.gesundesnoe.at

Antworten auf Ihre Ernährungsfragen erhalten Sie kostenlos am „Gesünder leben"-Hotline oder in Ihrer nächsten Beratungsstelle

"die umweltberatung" erreichen Sie in den folgenden 8 Beratungsstellen:

Mostviertel (Amstetten)	Tel.: 07472/614 86
Mostviertel (Pöchlarn)	Tel.: 02757/85 20
NÖ-Mitte (St. Pölten)	Tel.: 02742/743 41
NÖ-Süd (Wiener Neustadt)	Tel.: 02622/269 50
NÖ-Süd (Mödling)	Tel.: 02236/860 664
Waldviertel (Zwettl)	Tel.: 02822/537 69
Weinviertel (Hollabrunn)	Tel.: 02952/43 44
Weinviertel (Deutsch Wagram)	Tel.: 02247/650 00

www.umweltberatung.at

NIEDERÖSTERREICH

bildquellen:

Titelbild: C. Kuen, Archiv Zuckerstätter (HG)

Kern: A. Gugerel (62, 73 M., 80), C. Zuckerstätter (12/13, 86 u./r./v., 130/131), BMLFUW (Klappe vorne HG, 10/11, 49), C. Meixner-Katzmann (105 M./r.), C. Gloggengiesser (99 HG o.), C. Dworzak (32, 46, 47 HG, 106 M./u./r., 108 o./v., 108 HG, 109 M./l., 106 u./l./v., 106 M., 108 M./v., 109 M./l.,), C. Kühhas (73 o./M., 74 M./l./h., 74 M./r./v., 74 M./M., 79 M./h., 88 o., 93 o./l., 93 M./r., 95 M., 99 o./r., 102 M./v., 102 M./l., 102 u./l., 105 o./l., 105 u./l., 105 u./r., 106 u./l./h., 107 u./v., 108 u./h., 109 o./r., 110 o./r., 110 M./l., 110 M./u./l., 111 u./M., 111 u./r., 112 u./r., 113 HG, 116 M./h., 116 u./l./v., 117 o./h., Getty Images (8), M. Uedl-Kerschbaumer/"die umweltberatung" Kärnten (Klappe vorne u./l., 14 HG, 16, 17, 18/19 HG, 21 HG, 26 u., 26 HG, 27 HG, 36 o., 37 HG, 44 u., 47 u., 47 HG, 49 u., 50/51 u., 55 HG o., 55 HG u., 56 o., 57, 58 M., 58 u./h., 59, 60 o., 60 M., 61 o., 61 u. 61 HG/o., 73 u., 74 u./l., 75 h., 76 v., 76 HG, 78 o., 78 u., 79 o./v., 79 u./M., 79 u./r., 86 HG, 87 o./r., 93 o./r., 93 u./r., 94 M., 94 u./M., 95 u./1, 95 o., 96 o./v., 96 M., 96 u., 97, 98 o., 99 M./r., 99 u./l., 99 u./M., 100 o., 100 M./M., 100 u./l., 101 o., 101 M./r., 100 u./r./v., 102, o./M., 102 u./M., 103 o, 103 u./r./h., 104 u., 107 M./M., 109 o./l./v., 109 M./M., 109 M./r., 109 u./r., 110 M./M., 110 u./r., 112 u./l., 112 o./r., 113 M./r., 114 o./r., 116 u./l./h., 117 o./l./v., 118, 119 HG), N. Nagano (22 u., 52 HG, 58 u./v., 73 HG, 75 v., 77 r., 77 o., 94 HG, 94 u./r., 102 HG/u., 102 u./r., 105 M./h., 109 M./l., 111 o./r., 111 u./l., 113 M./l., 113 u./r., 117 u./l., 117 M./1/l. 120 HG, 128/129, 133), P. Uhl (44–52 o., 86 u./r./h., 88 M./v.), www.photos.com (cover u./h., 18, 19, 22 HG, 24 HG, 26 o., 30 HG, 48 u., 54–61 o., 56 u., 58 o., 58 u./h., 60 u., 61 M., 66 HG, 72–79 o., 73o./r., 74 HG, 76 l./h., 77 l., 79 u./l., 83 HG, 86 u./r., 87 M./l., 88 HG/o., 88 HG u., 89 v., 89 HG, 90, 92–113, 93 M./l., 94 u./l., 95 u./2, 95 HG, 96 o./h., 98 u./l., 99 u./M./l., 99 u./r., 100 M./l., 100 M./r., 100 u./M., 100 u./l., 101 HG/o., 101 HG/M., 101 HG/u., 102 M./h., 102 HG o., 103 HG u., 104 o./r., 104 M./l., 106 o., 106 u./l., 106 HG, 107 M./l., 107 M./r., 107 u./h., 108 M./h., 108 u./v., 108 HG, 109 HG/o., 111 M./r., 112 o./M., 114 HG, 115 HG/o., 115 HG, 116/117 M., 116 o./l., 116 M./v., 117 M./2/l., 121 HG, 122 HG, 124 HG, 125 HG, 126/127 HG, 132)

Umschlagrückseite: Archiv Zuckerstätter (HG)